真説　戦国武将の素顔

宝島社新書

まえがき

僕は電車に乗るたびに、つまりほぼ毎日、怒っています。

なんで健康そうな若い人がシルバーシートに座っているんだ、しかもその席を必要としている人が近くにいるのに譲ろうとしないんだ、と。通常の座席に視線を移してみても、前に足を投げ出す人、股をこれでもかと広げる人、多いですよねー。僕は、太っていて余計に幅をとるのを恐縮して、なるべく小さく小さく座っているのですが。ああ、あと音楽を鳴らす人もいますね。

こんな事例一つとってみても、清く正しく美しく。善意100パーセントの人間はなかなかいないんじゃないかな。しかも善意の人が少数派であるとすれば、社会を構成している人間の多くはまあ欲得にまみれている（正直に申しますと、僕もその一人です）わけですから、「善意だけの人」では大きな仕事はできない。人間は善意だけでは動かないし、動かせない。となれば「清濁あわせ呑む人」じゃないと成功できぬ道理です。

経営学の先生に聞いた耳学問ですが、すぐれた経営者であればあるほど、「二面性」

が顕著に出るそうです。優しいかと思うと、ものすごく激しく部下をしかる。ある部分には緻密でありながら、一方ではストンと抜けている。人間は複雑な生き物ですから、そうした二面性を正直にさらけ出すような経営者のほうが、リーダーとして有能なのかもしれません。先だって亡くなったスティーブ・ジョブズはその代表なんだそうです。

この意味でいうと、日本史上で一番に思い浮かべられるのは、なんといっても織田信長ですね。最近では「信長は理解しやすい」「信長は他の戦国大名と変わるところがない」という研究者が増えてきましたが、僕は「あなたたち、何を見ているんですか」と小一時間問いつめたくなる。あんなに虐殺を実行した人はいない。寺院を焼き尽くした人はいない。人材を登用したかと思うと、いらない人は容赦なく捨てる。でも確かに大きなことをやった(と僕は評価するのです)。その二面性はビックリするほどだと思います。

光があれば闇がある、というと陳腐ですが、戦国大名にも同じことが言えそうです。光が強烈だと、闇も深くなる。日頃僕は彼らの傑出した点に注目し、取り上げることが多い。講演などで「いやあ、だれだれはえらいですねえ」なんてしゃべっている。そのとき、内心では「あらー。この人、こんな面も持ち合わせているんだよなあ」と思っている。内心忸怩たるものがありますし、結構ストレスがたまってくる。

よし、この際、闇についても言及してみよう。戦国大名の光がまばゆいことを大前提として、ぶっちゃけてみよう。そう思ってまとめたのが、この本です。ちょっと毒がきつすぎるかもしれませんが、読んでいただければ幸いです。

2017年4月　本郷和人

まえがき　3

第一章　天下人の失敗と素顔
織田信長　野蛮な能力査定　10
豊臣秀吉　信長以上のブラック上司　38
徳川家康　美のない天下人　54
戦国コラム①　槍一本で大名になれたのか？　74

第二章　名将も後継者の育成は苦手だった？
武田信玄　意外と大局観がなかった？　76
上杉謙信　〝義の人〟も人の心は読めなかった　100
毛利元就　誰も信用しない戦国一の二枚舌　118
戦国コラム②　戦場で槍を使う理由　132

第三章　敗者の実像とホンネ

石田三成　嫌味な中間管理職　134
明智光秀　謎多き男の〝思いつき〟　156
今川義元　永遠の引き立て役の実像とは？　172
戦国コラム③　日本に軍師は存在しない!?　184

第四章　地元LOVEな地方の英雄

島津四兄弟　最強の武闘派ブラザーズ　186
伊達政宗　じつは戦国一の小悪党　202
戦国コラム④　政宗と小十郎のちょっと痛い話　216

番外編　戦国時代の悪女

淀殿　豊臣家を滅ぼした最強の毒親　218

あとがき　235

編集協力：オフィス五稜郭
デザイン：アルファヴィル・デザイン
画像提供：長興寺
高台寺
東京大学史料編纂所
国立国会図書館

第一章　天下人の失敗と素顔

野蛮な能力査定

織田信長

画像提供：長興寺

織田信長プロフィール

天文３(1534)年、尾張国で織田信秀の三男として生まれる。官名は上総介《かずさのすけ》。幼少期は奇行が多く「大うつけ」と蔑《さげす》まれていたが、永禄3(1560)年、今川義元を桶狭間《おけはざま》の戦いで破ると、今川から離反した徳川家康と「清洲同盟」を結び、天下布武の旗印を立て天下統一を目指す。旧勢力の将軍・足利義昭を京から追放し室町幕府を滅亡させた。その後、畿内を平定し、安土城を築いてその勢力の拡大を図り、甲斐《かい》の武田氏を滅ぼすなど天下統一まであと一歩に迫りながらも天正10(1582)年6月2日明智光秀の謀反《むほん》を受け、本能寺で自刃した。享年49。

信長はたいしたことはない!?

今回は、戦国武将の素顔を暴《あば》くことが主な目的ですが、どちらかといえば、悪口が中心になるかもしれません。そしてその最初が、織田信長です。

信長は、戦国時代を代表する武将といっても誰も異論はないでしょう。さらに、本能寺の変で殺されたことにより「悲劇の武将」としての一面を持っています。しかも、これは本当の話かどうかはわかりませんが、討ち取った浅井長政の頭蓋骨で髑髏《どくろ》の盃を作り乾杯したという「恐怖の大魔王」という一面も持ち合わせているのです。

一方で、天下統一を目指し、経済政策では、「関所の撤廃」や「楽市楽座」を推奨するなど改革を行ない、これまでにはいなかった「新しい武将」の姿もみせています。これだけ見ても色々な顔を持ってますが、信長ほど賛否が分かれる武将もいないのではないでしょうか。

織田信長に対して悪口を言う場合、「たいしたことがない武将」というのと「酷い奴だった」という、二通りのけなし方があるんです。

まずひとつめの、「たいしたことがない武将」というけなし方は、じつは今、戦国時代

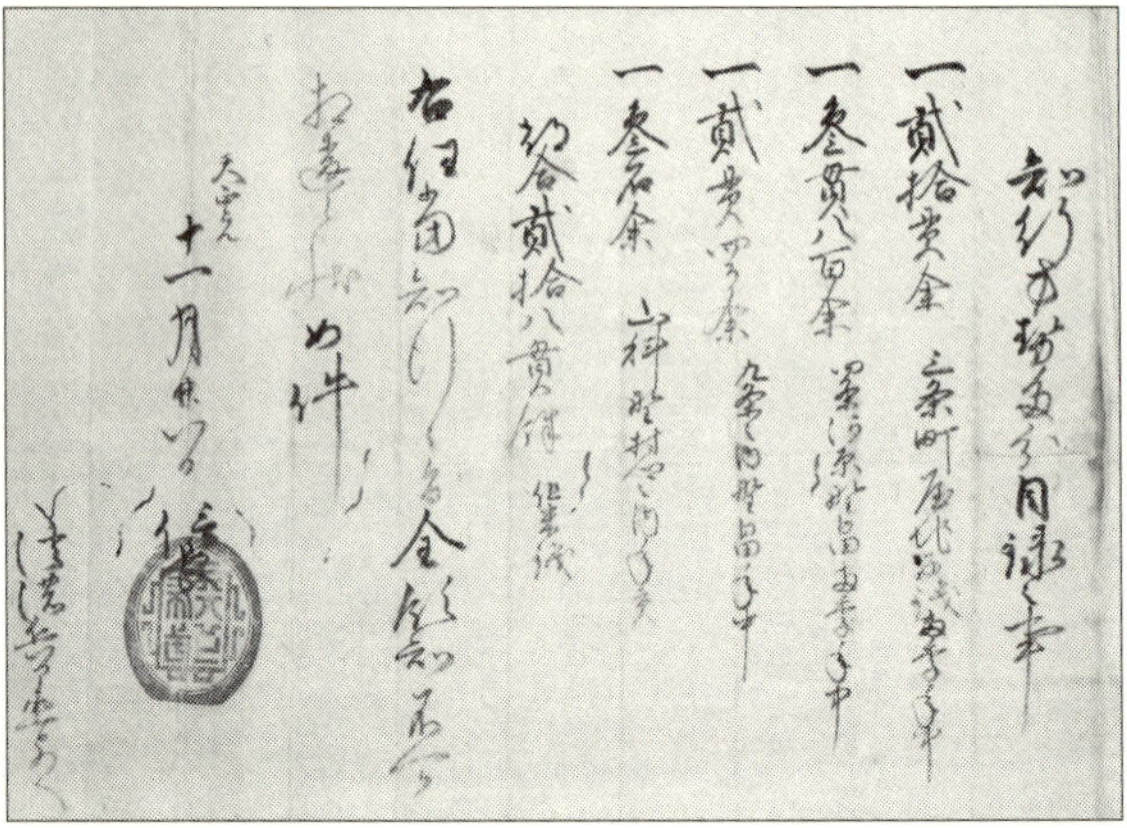

【天下布武印が押された朱印状】　画像提供：国立国会図書館

の研究者たちがしきりに言っています。「信長は、別に新しくもなんともない武将だった」と。

まず、信長が行なった〝天下布武〟ですが、永禄10（1567）年に岐阜城を占領した段階で、天下布武の旗印を掲げ、日本を統一することに邁進《まいしん》したことに始まります。

ですが、信長を「たいしたことがない武将」とする研究者はこのときの〝天下〟は、じつは日本全土ではなく、〝近畿地方〟を指しているに過ぎないというのです。この論にはある意味、傾聴すべき点はあるでしょう。

確かに、天下を都の範疇《はんちゅう》にとどめたり、近畿地方を指す用例はあります。

だとすると、信長が天下布武を、当時の都

である〝京〟と、その周辺の政治状況を「自分が掌握するのだ」という意味として使ったとすれば、信長は日本統一など考えてなかったということになるわけです。

さらに続けると、今度は旧勢力との関係です。いわゆる旧勢力とは、天皇家もしくは将軍家。当然、この将軍家は室町幕府を指しています。

僕たちの感覚では「信長は新しい勢力」だというときに、信長は室町幕府15代将軍・足《あし》利《かが》義昭《よしあき》、あるいは天皇という旧勢力を徹底的に利用したというイメージがありますよね。さらに、信長の心理を想像し、〝旧勢力に対して敬意は払っていなかった〟というような、信長像があったわけです。

かつて京都大学の日本史学者・朝尾直弘先生が、「信長は神になろうとしていた」と言っていましたが、つまり天皇や将軍という権威ですら、〝まったく価値のないもの〟として捉え、〝自分の踏み台にしてもいいものだとみなしていたんじゃないか〟と考えられていたわけです。

とくに将軍家。信長が足利義昭を奉じて上洛したときの逸話としてよく語られるのが、「副将軍に任命する」と言った義昭に、信長は「そんなものはいりません」と断ったという。ただその代わり、堺をはじめとする3ヶ所に、「自分の奉行を置かせてくれ」と言ったというのです。

これは信長が、「経済を掌握させてくれ」と言っているようなもので、信長にしてみればまずは経済・流通が重要で副将軍という古ぼけた政治的ポジションには、なんの価値も見出さなかったということなのでしょう。こうなると、信長が足利将軍を評価してた、なんて解釈にはならない。

信長は、将軍に利用価値がないと思えば、なんの躊躇《ちゅうちょ》もなく簡単に捨ててしまうのです。スープが取れなくなった鶏ガラみたいなもんです。将軍（義昭）を捨て、室町幕府もゴミ箱へ。だけどまだ、朝廷には使い道があると思ったのか、朝廷という枠組みはしっかりと堅持しています。

天正10（1582）年、信長が本能寺で倒れる直前に〝三職《さんしき》推任問題〟が起こっているのをご存知でしょうか。三職推任問題とは、もともと信長は官位には興味がなかったようで、義昭を追放するまでは比較的低い官位に甘んじてました。ですが、義昭追放後わずか3年ほどで右大臣へと大出世します。

ただ、天正6（1578）年には、今度はその右大臣の官位も朝廷に返上し、その後は官位を受けることがありませんでした。

このとき朝廷では、「信長はいったいなにを考えているのか？」「朝廷をどうするつもりなのか？」と思い悩んでいたといいます。それは単に、信長が朝廷に対して、「攻撃してこないだろうか？」と恐れたからです。

この頃、朝廷は信長に対して、ある一定のコントロールをしたいと考えていたようです。そこで、太政大臣《だじょう》か関白、あるいは征夷《せいい》大将軍の3つの役職のうち、「好きなものになっていただけませんか」と打診しました。

朝廷は信長に、天下人を表わすシンボルというべき官職を与えることで、信長と上手《うま》くやっていこうと考えていたようです。そして、昔の研究者はこのできごとについて、「私はどれもいりません」と、信長が拒絶したと考えました。

ですが最近の研究では、その辺りの解釈に変化がみられます。それは、三職推任問題でいえば、「信長は征夷大将軍になろうとしていた」という説が強くなったのです。また、将軍家についても、「信長は室町幕府を重視していたし、将軍を大切に思っていた」との説も浮上しています。

新しい説をまとめると、「信長は足利将軍家を大切に思い、将軍家を重視していたが、義昭のほうが信長を潰そうと画策したため、やむなく義昭を追放した」となるのです。さらにこのとき信長が〝義昭の命を奪う〟とか〝幕府を滅亡させる〟行動を起こしていないところをみると、「信長がいかに義昭を重んじていたかということがよくわかる」という言い方もされています。

そして、天正元（1573）年、義昭を追放した信長は、ここで初めて天下人になれたわけです。そのため、それまでの天下人は、将軍・足利義昭だという説が唱えられるわけです。

また、そういう説を提唱する人は、「将軍家ですら重んじる信長なのだから、まして天皇家に関して、その伝統を変えることなどまったく考えていなかった」とも言うのです。ただ、この説だと信長は天皇家に対して、「非常に従順である」となってしまいます。この説が正しければ、信長は決して新しい存在などではなく、非常に古いヤツとなってしまうのです。

信長が〝古いヤツ〟だとすれば、信長以前に都周辺の権力者だった、三好長慶《みよしながよし》との比較で、長慶と信長は「同質である」とか、「ふたりはそんなに変わらない」という説にもつながってくるのです。するとまさに「信長は新しくない、歴史的にたいしたことないんだ」となるわけですね。こういった解釈が行なわれているのが、信長研究の現状なのです。

天下は近畿地方限定なのか？

天下布武の〝天下〟は、「近畿地方限定だ」という考え方だと、信長には
①足利幕府を否定する考えはありません
②天皇家の秩序も大切にします
③旧勢力と仲良くすることを初めから考えていました
④旧勢力に歯向かうことは考えていません
となってしまいます。

さらにいえば信長は、「神仏というものに対しても十分配慮をしています」「神社、寺院には敬意を表わしています」となり、信長はここでも、新しくないという解釈となるのです。ただしこの説がどこまで正しいのかというと、僕としては、どうも違和感を覚えるのです。

なぜかといえば、信長は〝岐阜〟という名前を選択する人なのです。岐阜は〝岐山《きざん》〟という中国の故事をイメージする言葉で、岐阜の〝阜〟は、孔子の生地として知られる〝曲《きょく》阜《ふ》〟の〝阜〟です。ただ阜には〝丘〟という意味もあるので、岐山自体が「岐阜」を表わ

しているだと僕は思うのです。だから、細かくいうと曲阜までいわなくてもいいのではないかと考えます。

岐山は中国を統一する周王朝の本拠です。だとすると、信長はのちに天下を取るイメージで岐阜と命名したんでしょう。そんな信長が、〝天下〟という言葉に対して貧困なイメージを抱くと思います？　だから、「当時は天下という言葉が畿内を限定的に指す言葉として使われていたから、それに乗って天下と言っただけだ」というような議論は僕には理解できません。実際に、信長の時代より古い史料の『吾妻鏡《あづまかがみ》』にも、日本全国を〝天下〟といっています。そんな用例は枚挙にいとまがないから、天下布武から全国統一をイメージしたとしても、決しておかしくないでしょう。

実際、信長がやってきたことをトレースしてみると、細かい話ですが、永禄11（1568）年に上洛したあとの最初の行動は、なぜか〝越前侵攻〟なんですよ。

越前侵攻は、妹婿の浅井長政が突如信長を裏切ったため、いっぺんにぐちゃぐちゃになったわけですが――それは別の話として、このとき天下が畿内限定だとして、「畿内が重要だ」「都が重要だ」というのなら、信長にしてみれば越前侵攻などより先に行なわなければならないことが山のようにあったはずです。

まずは京都周辺の、今の大阪とか奈良をしっかり掌握するほうがよほど重要で、それをあとに回しにして越前に進攻したことを考えると、信長が天下を畿内限定にしていたという考え方は、どうも僕にはピンとこないのです。

足利幕府にとって大切なのは、当時の国名でいうと、山城国《やましろ》、大和国《やまと》、次に重要なのが和泉国《いずみ》、河内国《かわち》、摂津国《せっつ》。この5つの国が幕府には重要なわけです。なかでも最も重要なのは、都のお膝元の山城国（京都）と大和国（奈良）でしょう。

でもこのとき、信長が大和国でなにをしていたかというと、ただ謀反を起こした松永久秀を許し、領地は久秀の「切り取り次第」にしているわけです。畿内が天下なら、越前に進攻する前にこの大和国をもっとしっかり押さえなければダメなハズです。大阪府も同様ですよね。だから、天下が畿内限定という考え方はどうもよくわからないんです。

さらにいえば、足利幕府を重要視していたのなら、副将軍は断らないでしょ。絶対に。

この副将軍職は、信長が歴史的に初めて依頼されたわけではなく、周防《すおう》の大内義興《おおうちよしおき》が、すでに副将軍になっているわけです。そして、室町幕府体制を大内氏の軍事力でしっかり支えている前例があるわけですよ。それを信長は踏襲しないわけです。やはりそこにはなにか、今までとは違う考えがある。だから、信長も長慶と同じ旧勢力だといわれてしまうとね、そこはやはり、「ぜんぜん違うだろ」となるのです。

また、信長と長慶を比べるとなにが一番違うかというと、やはり〝軍事力の差〟なんですね。それは、長慶が合戦――これは、自分の命を賭けるような決定的な戦いという意味ですが、そのような戦いで動員している兵力が３０００くらいなんですね。ところが、信長は合戦というと3万くらい用意できるんです。信長と長慶は比較すると動員数が一桁《けた》違う。そういうことからみても、「三好長慶とたいして変わらない」とか「同格だ」という話は、どうしても受け入れられない。

そして信長といえば、忘れられないのが比叡山の焼討ちで、すごく強烈なできごとですよね。比叡山は、日本仏教の〝総本山〟なのに、それを焼いてしまう。まあ確かに、比叡山を焼くのは信長が初めてではなく、前例として室町幕府6代将軍の足利義教《あしかがよしのり》、細川政元《ほそかわまさもと》が焼いています。

だから信長は、「それを真似《まね》しただけだから、たいしたことない」「信長が寺院を燃やすパイオニアじゃないよ」――まあこんな悪いことをパイオニアっていってもしょうがないのですが、確かに「信長が初めてではない」という言い方もあるけれど、前例とされる足利義教、細川政元の焼討ちは信長と違い、被害が限定的なものだったのです。

また、信長の天皇観ですが、安土城の天守閣周辺を発掘したときに、なんと平安京内裏《だいり》に建てられた清涼殿と同じ平面を持った建物跡が出てきました。それを見ると信長は、どうやら安土城下に天皇を招くことを考えていたと推定できるんです。だとすれば信長には、〝天守閣の上から天皇を見下ろす〟というプランがあったということ。

そこから推測しただけでも、「天皇を重視していた」とか「天皇に従う」というイメージが、どうも僕には湧かないのです。だから、「信長は新しくない」という言い方には、なんともしれない違和感があります。

大虐殺を行なう「第六天魔王」

信長の実像を推測するときには、もっと違う形で考えなくてはいけない。そのときに出てくるのが、信長には黒歴史が多すぎる、「酷い奴だった」ということです。ここで初めて、信長のマイナスポイントに辿り着くことができます。

つまり、信長をすごい男だと認める。それが大前提。その上で、「こんな酷いこともやっている」という点を考察しないとダメなんですね。信長がやったことは歴史的に見るとホントにすごいけど、〝上司にはしたくない〟〝友達にもなりたくない〟というのが、信長の実像なのです。

そのひとつがなんといっても、先ほどもあげた比叡山の焼討ち。これはもう、とんでもない話です。このとんでもない話っていうのは、時代を超えてとんでもない話なんですよ。

じつは今、比叡山に行っても古い経典や古文書など、なにも残っていません。また、仏教美術である仏像や建築物も残っていません。なぜかというと、もうおわかりでしょうが、すべて信長が焼いてしまったのです。徹底的に焼いてしまった。この比叡山焼き討ちの破壊の仕方がいかに徹底的だったかが、このことからもよくわかるんです。この事実から、信長が仏教を屁とも思ってなかったということも明らかでしょう。

信長の破壊は、現代のタリバンみたいなもの。タリバンが、アフガニスタンのバーミヤンの大仏を「偶像崇拝は許さん」と言って爆破したようなもので、要するに考え方の違う文化に対し、「自分に歯向かう奴らは許さん」という考えです。

ですが信長信者のなかには、信長は比叡山を焼いたにしても、「きちんと手順を踏んでいる」と言う人がいる。

この比叡山の焼討ちは、元亀2（1571）年に浅井・朝倉連合軍との戦いのなかで行なわれました。

最初、信長が比叡山に対して、「自分たちの味方になりなさい」と言う。

すると比叡山は、「嫌だ」と返事をした。

そこで信長は再び、「浅井・朝倉の肩を持つのは止めなさい」と言う。

すると比叡山が、「いや、そうはいかない。浅井・朝倉に味方します」と断った。

信長は、「あなたたちは仏教徒なんだから、戦国大名同士の闘いに首を突っ込むのを止めなさい」と言う。

ところが比叡山から、「嫌だ」と返される。

そして、今度は信長が、「では、味方になれとは言わないから中立を保って欲しい」と言い、続けて、「この要請を聞かなかったら比叡山を焼くよ」と脅します。

すると比叡山は、そんなことはできないだろうと甘く見たのか、やはり拒絶。

いよいよ信長が、「本当にやるよ」と言ったところ、比叡山は「やれるものなら、やってください」と返事をした。

最後に信長は、「じゃあ」と言って本当に焼いてしまった。

こういう、交渉の順番や交渉の状況を見てみると、信長は非常に手順を踏んでやっている。だから信長は、「第六天魔王」だとか言われる筋合いはないという説を唱える人がいるのです。

ですが、「あなたを殺すよ」と言ったときに、「どうぞ」と言い返されたから殺した。これはどう言いわけしても殺人犯でしかなく、どんなに手順を踏もうが――これを手順といっていいのかわからないけど、比叡山を焼いたという事実は、あまりにも重いわけです。

こういう意見の人は、信長の本質を見ていないように思います。信長は、破壊することに対しては少しも躊躇しないんですよ。

最近また、信長が寺院勢力から第六天魔王といわれている史料が出てきましたが、そのように恐れられていたことは間違いないでしょう。

さらに続ければ、信長は「日本で大虐殺をやっている唯一の人」なんです。

ヨーロッパや中国では、ご存知のように大虐殺はよくあるのですが、日本の歴史のなかで大虐殺は、信長の時代まで起こりませんでした。少なくとも何万人規模で殺し合うことが、日本ではなかったのです。

それは、日本の「穏やかな歴史」の成果で、世界的にみても、「日本の歴史は極めて穏やかである」となります。

国内で、大虐殺が行なわれなかった理由としては、四季の存在や、日本列島の豊かさ、さらに外国から攻められたことが少ないことが考えられます。例外的に〝元寇《げんこう》〟がありましたが、占領はされていません。このように、本格的な外敵の侵略を受けたことがないから、「日本のなかで適当にやりましょうよ」となるのです。

これは『国盗り物語』の影響なのかもしれないけど、尾張国の大名だった信長が美濃国に侵攻して岐阜を取る。岐阜を取って、そこから上洛へ向かう。そんな道筋っていうのはみんなよく知っているわけです。ただ、こちらのルートではそれほど血は流れていないんです。だから信長に対する悪い印象はありません。

ところが、岐阜へ行くのと同じように、同時期に信長は伊勢方面にも侵攻しているわけですが、この伊勢、伊賀方面では、濃尾方面とはまったく違う信長の一面が見られます。歯向かう敵は焼いちゃうんですね。

信長は一向宗と戦うとき、伊勢長島では2万人という大虐殺を行なった。北畠家や神戸《かんべ》家などを、相当血なまぐさいことを行ない乗っ取っているんです。そのため今でも三重県では、信長は侵略者としてのイメージが色濃く残っているそうです。さらに、越前でも1万2000人を虐殺しています。

よく考えてみれば、当時の日本の人口は今の約10分の1ですから、2万人や1万2000人の虐殺は、今の感覚では〝20万人殺した〟〝12万人殺した〟と同じなんです。だから、そんな大勢の人間を平気で殺せるメンタリティを考えたときに、やはり信長というのは「ちょっとおかしいんじゃないの」という話になる。たとえ、どんな目的があったにしても、そんな大虐殺をやれるというのは、やはり怖い。絶対に、友達になりたくない。

この信長のように、破壊者としての側面を持っている人は、歴史的に日本ではそんなにはいません。そういう意味で、信長の普通じゃないってところは新しいんだけど、大きくマイナスな点です。

ただこのとき、信長が虐殺したのは敵対する武士ではなく一向宗の門徒です。

信長がなぜ、一向宗の門徒を虐殺したのかといえば、信長は一向宗の「平等」を恐れたのです。本願寺の一向宗がどういう形で広がっているかっていうと、ある種の平等です。

いわゆる当時の主従制は、家来に主人がいて、その主人になっている人も誰かの家来になる。そして、主人、家来、家来、家来……というピラミッド構造になっています。それが何層ものピラミッドになる縦社会なのです。

ただ一向宗を受け入れた村は、地主、自立した農民、小作人の3つぐらいにしか分かれています。こういう少ない階層にしか分かれていない場合、ゆるやかな平等が生まれません。それを根拠づけるのが阿弥陀《あみだ》様の前での平等、仏の前での平等です。

仏の前での平等を声高に叫ばれると、信長みたいなピラミッド階層の「俺が偉くてお前が家来だ」という縦社会とバッティングしてしまうんですね。それが信長にとっては嫌だったんだと考えられます。だから根こそぎ滅ぼしたのでしょう。いってみれば、平等という芽を潰したのが信長なんです。そして時代が下ると、士農工商という階級制の江戸時代が生まれるわけです。

世襲よりも実力主義を貫く

では今度は、信長の政治面を見てみると、信長の際立っている点としては、実力主義を取った点でしょうか。信長の実力主義っていうのは相当他と違っていたわけです。

当時の戦国大名のメンタルからいえば、仮に尾張国の戦国大名だったら尾張国の人間しか信用しない。「他国の人間は信用できない」というのが普通のメンタルなわけです。

初の戦国大名と評価されることもある、越前国の朝倉家7代当主・朝倉孝景（朝倉敏景）

は、応仁の乱を切っ掛けに越前一国の大名まで上りつめました。彼は分国法の走りのような法律（「朝倉孝景条々」）を作っているわけですが、これはよくできています。でも、そのなかにもやはり、「他国の人間を信用しないように」という件があるんです。当時は、他国の人は信用しないっていうのが当たり前の感覚だったようですね。

そのような世の中で信長は、才能さえあれば他国の人間であってもどんどん招き入れた。羽柴秀吉は農民出身。明智光秀や滝川一益《かずます》は、「どこの馬の骨か？」というと言いすぎかもしれませんが、それに近い状況の人だったわけです。信長はそういう人間でも、才能があればなんの躊躇もなく登用する。

当時の原理原則は世襲です。織田家も例外ではありません。世襲ではやはり戦国大名家に仕えている人が当然、重職いわゆる〝年寄《おとな》〟という言い方になるんですけど、重臣として遇せられる。しかし信長の場合はそれをやらない。

織田家では、才能さえあれば出世できるわけです。これを日頃、僕らはプラスとして捉え、「実力さえあれば出世できるのが織田家なんだ」という言い方をするわけですが、これは、〝実力がない人間〟や〝その他大勢の人間〟にしてみると、とんでもない話なんですね。つまり信長は、才能がないとぜんぜん見向きもしない。しかも「クビが飛ぶ」こともある。もちろんこの場合のクビは、現代の左遷とか解雇ではなくて、本当の首です。信長にはそうした激しさっていうのがあるのです。

たとえば、それまで重臣だった林秀貞や、佐久間信盛《のぶもり》らが突然追放されてしまう。しかも林秀貞なんかは、「お前、昔俺の弟を担いで反抗をしただろう」と23年も前の話を蒸し返されて追放されています。

佐久間信盛も織田の重臣家に生まれて信長に長く仕えていました。そして、本願寺攻めの責任者にも任命されていたのですが、「お前の働きは足りない。明智光秀や羽柴秀吉に比べるとお前なんかなんにもやってない」と言われ、身ぐるみ剝がれて高野山に追放されてしまうのです。

ちなみに、高野山に追放されるということはものすごく過酷。高野山は修行の山で、冬は寒く夏は暑い。当時は高野山に追放されると、すぐに体調を崩して死んでしまう人が結構いたんです。高野山に追放されるということは、「お前なんかもう死んでしまえ」と言われているようなもので、実際に佐久間信盛もすぐに死んでしまった。

そういうことを考えると、信長はただ仕えてくれたとか、長年仕えてくれたというようなことだけでは評価をしない。なにか他に手柄を立てないと認めてくれないということになると、部下としては安心して仕えることができないわけですね。それで結局、松永久秀は裏切った。それから荒木村重も裏切っているわけです。

ある意味、浅井長政も裏切ったといえる。

ここで、ちょっと話は脱線しますが、史料を調べてみたら朝倉家と浅井家はそんなに仲がよかったという史料はないのです。よく言われる、浅井家にとって朝倉家が恩人というのは嘘なんですね。だから浅井長政があそこで同盟を破棄したのは、長政は信長の無防備な背中を見たときに戦国武将の本能として、「やっぱこいつを倒してみたい」と思ったんじゃないかと思うのです。信長は背中を丸出しにして、後ろはぜんぜん振り返らずに敵を攻めているわけだから。

そういう意味で信長は、結構油断する人なのかもしれない。あのときも、浅井を信じきっていた、本能寺でも光秀を信じきっていた。そういうところは、「信長って結構いい奴じゃん」ということになるのかもしれないけど、天下人としてはダメですね。信長ぐらいの立場だと、常に暗殺の危険を考えていなければならないのに、慎重さが足りない。そういう点も信長のマイナスポイントです。

人を殺して初めて一人前となる

そして話を戻すと、林秀貞や佐久間信盛が、ゴミ屑のように捨てられちゃったのを見て、明智光秀も、「俺もいつ捨てられるかわからない」と思い、本能寺の変の引き金を引いたという説があるわけで、非常に納得のできる解釈なわけです。信長の能力主義というのは反面ものすごくストレスが大きいんですね。そんなに、みんながみんな、信長の期待に応えられる仕事ができるわけではありません。そうなると、とてもじゃないけど信長に仕えるのは、「嫌だな」となるわけです。

それから、信長の能力主義は、現代人の我々からすればとても野蛮なところがあって、悪い言葉で言うと、「人殺しをやらないと認めてもらえない」ということ。

それは、競走馬と似ているところがあると思うんですが、本当に競走馬というのは人間に、〝速く走れ、速く走れ〟ということだけを期待されているわけですね。だから競走馬・サラブレッドに生まれたなかには、じつはものすごく、〝頭のいい馬〟がいるかもしれない。人間でいえばノーベル賞クラスのものすごく頭のいい馬がいて、その種をしっかりと残していけば、サラブレッドの世界は非常に繁栄したかもしれないけれど、人間にとってはそんなのまったく関係ない。ともかく人間の都合でより速く走れない馬はコンビーフにされてしまうというのと、信長がやっていたことは同じで、信長に仕える者は、とりあえず戦場に放り込まれるわけです。

信長は、とにかく戦場に放り込んで、ふるいにかけるというやり方をする。たとえばですが、のちに大大名となる蒲生氏郷《がもううじさと》は子どもの頃、信長の命で戦場に送り込まれて見事に兜首《かぶとくび》を上げてきた。そうすると信長は、「お前はすごい奴だ」ということで、それだけで氏郷を認め、「よし俺の娘をやる」と言って婿として遇したわけですね。

だけどそれは、現代人の僕らからすると、戦場で人を殺して兜首上げてきたらそれでいいのかって話になってしまうわけです。ひとりの兵士・戦士として有能でも兵を率いる将として優れている保証はない。「もう少し、人間を多面的にみてあげようよ」と思うんですが、それを信長はやらない。

能力主義っていっても、とりあえず最初、ふるいにかけるという段階で、どれだけ荒っぽいこと、残酷なことを平気でやれるかを試すのです。

森蘭丸《らんまる》の前任者で※万見仙千代《まんみせんちよ》（重元）。この人が、信長にたいへん可愛がられた。頭が良くて順調に成長すれば次の世代の織田政権の中核を占めることができたといわれているのですが、信長はこれまた容赦なく戦場に放り込むんです。結局、荒木村重とのどうでもいいような戦いで戦死しました。確かに戦場は常に死と隣りあわせですよね。そういう状況でも、過酷な条件をクリアする――すなわち生き残れないと認めない、信長はそういう哲学を持っていたのかしれません。なんだかしれないけど、非常に厄介な哲学です。

〝文官なら文官〟の才能を伸ばせばよさそうなものですが、そうはしないわけです。本当に競走馬と同じで、「とりあえず人を殺してこい」「敵の首を上げてこい」というような信長の評価基準を容赦なく押しつけてくる。それをクリアして、初めて信長の人材として認める。そのうえでようやく、「そうかお前は政治が得意なんだな」「官僚的な働きができるんだな」ということになれば、そういった方面に進ませてくれる。

そう考えると、やはり人材主義とか、能力主義といっても相当荒っぽい、「おっかねえな」という話になるわけです。

万見仙千代：元服して名を「重元」に改めている。仙千代は幼名。信長に小姓として仕えるが荒木村重が謀反を起こした有岡城で銃撃（異説あり）され戦死。

時代とともに大きく変わる信長の評価

女性関係に関しても、信長には正室の濃姫《のうひめ》がいて、通説では信長に愛されていることになっていますが、実際のところは濃姫は子どもが産めなかったっていうのもひとつの理由なのですが、結局途中からどこへ行ったかわからないんですね。最終的には、側室が生んだ次男の北畠信雄《のぶかつ》（織田信雄）の世話になっていたらしいので、永く生きていたことは間違いないのですが、なんかあまりパッとしない。ちなみに、本能寺の変で一緒に戦ったとされるのは「嘘」。まったくの創作です。

どうも信長は、女の人を大切にしないんですよね。秀吉が北政所《きたのまんどころ》（おね）を生涯大切にしたのと比べると、女性は大切にしていない。もっと、大切にしてもいいんじゃないかなと思いますけど。

まあ、信長の場合は女性を大切にしていないというより、どちらかといえば女性をバカにしているのかもしれない。取っ換え引っ換えで、女性は子どもを生む機械にしか思っていないところがある。ひとりの女性を愛するっていうのではまったくない。いろいろな女性に手を出して、子どもを生ませて――これは女性からしたら、とんでもないいんじゃないかな。

『信長公記』で本能寺の変のとき、「女子供は苦しからず」といって女性を先に逃がしたことになっているから、女性を大切にするいいイメージがあるかもしれないけど、信長の女性関係を見てみると、そうでもない。だから正室の濃姫は名前が残っているけれど、信長の他の側室で記録にとどめられている人は、ほとんどいません。

長男の信忠を生んだという「吉乃《きつの》さんがいるじゃないか」という声が聞こえてきそうですが、彼女の動向を伝えるのは「武功夜話」です。ですが僕は、この本を信用してません。

また、秀吉の奥さんにねぎらいの手紙を送ったという事例もあるから、さらに女性に対して優しいイメージがあるかもしれませんけどね。だけど、自分の奥さんは大事にしてない。女性を重んじていたというのは嘘かもしれない。

信長の評価が時代とともに大きく変わるのはやはり、やり遂げたことがデカイことでいろいろな評価が出てくるからでしょうね。

プラスの側面ばかりをあげると、突然マイナスにも行くことがあるし、マイナスばかりを突き詰めていくと、「いや、そこまで言うことないいんじゃない」と、信長の評価はシーソーのように変わるのです。

人材登用の仕方を見ただけでも、適材適所ではない。競走馬の「走れ、走れ」と一緒で、とりあえず戦場に投げ入れておいて、そのなかで手柄を上げた使いものになる奴、生き残った奴しか使わない。まあある意味、ライオンと一緒ですね。千尋《せんじん》の谷に突き落とし這い上がってきた子どもだけを相手にするという。

さらにその後も、次々にノルマを課し、ノルマが達成できない人は無視するとか切り捨てるとか、さらにあるときは殺してしまう。ビジネスで考えると、信長のような上司は絶対に嫌でしょ。

また信長は、「俺だけが偉い」という、友達も作らないタイプだから、常にお山の大将だったんでしょうね。信長の生涯を見ていると、「この人は人の痛みがわかるのかな?」という気がします。だから光秀や村重にしても「こんな上司はもうゴメンだ」となるんです。

世界史を語って今話題の出口治明さんは、「僕は信長のもとで自分の才能を確かめてみたい」とおっしゃっていたけど、出口さんのように傑出した能力があって、自分でリスクを取れる人は信長のような上司がいいんでしょうね。秀吉もそうだけど優秀な人は、信長のような上司のもとで才能を試してみたいと思うんでしょうね。

でも、「僕は絶対ムリだな——」。

豊臣秀吉

信長以上のブラック上司

高台寺所蔵

豊臣秀吉プロフィール

天文《てんぶん》6（1537）年、尾張《おわり》国愛知郡中村郷で足軽・木下弥右衛門の子として生まれる。幼名は日吉丸。のちに、木下藤吉郎、羽柴秀吉と名前を変えた。織田信長に重用され、本能寺の変では備中高松城から“中国大返し”で京へ戻り、山崎の戦いで明智軍を倒した。

戦後の清洲会議後の一連の戦いで、対立する柴田勝家に勝利して、織田家を手中に収めた。その後、四国攻めの最中に関白、翌年には豊臣姓を賜って太政大臣となり、九州、関東も制圧。天下統一を成し遂げると、この世の春を謳歌する。だが文禄・慶長の役で失政。戦果が上がらぬまま、伏見城にて病没した。享年62。

秀吉に仕えた四天王の命運

豊臣秀吉といえば、農家の生まれで、「冷えた草履《ぞうり》を懐に入れて温めた」ことで信長に気に入られ立身出世した、サラリーマンのあこがれのような戦国武将ですね。

人の心を摑むのも上手く、「人たらし」と称され、憎めない愛されキャラで長らく人気だったのですが、ここ数年、晩年の蛮行がクローズアップされ、悪役にされることも増えてきました。ただそれでも徳川家康よりかは、人気は高いでしょう。

戦国武将のなかでも、徳川家康がなぜ人気ないのかというと、豊臣秀頼を滅ぼしたからで、そのためタヌキおやじ呼ばわりされるのです。ですが、秀吉も織田家から天下を奪ったのは家康と同罪で、そこのところは公正に考えなければいけないわけです。

秀吉が天下人となる以前は、天下人の座についていたのは織田家です。その織田家の天下を秀吉は確実に奪っているわけで、しかもその過程で信長の三男・織田信孝が死んだわけですから、家康と秀吉はやっていることはなにも変わらないといえるでしょう。

たとえば、古代マケドニアの英雄アレキサンダー大王の時代からそうですけど、偉大な人が死ぬと、確実に後継者争いが起こる。次の天下人が誰かということで争うのは、戦国時代の専売特許ではなく、2000年以上も前のアレキサンダー大王の頃からあるわけで、秀吉や家康がやったことは世界史的にみれば普通のことなのです。

天正10（1582）年の清洲会議を経て信長の後継者として名乗りを上げた秀吉も、三法師は殺してはいないけど、織田家から天下を掠《かす》め取ったことには間違いないわけです。確実に奪い取っている。この、秀吉が天下人に駆け上がるあたりから、秀吉の性格の悪さが前面に押しだされてくるのです。

初期の秀吉には四天王がいて、そのメンバーは神子田《みこだ》正治と尾藤知宣《とものぶ》、宮田光次、戸田勝隆の4人なのですが、宮田光次は、秀吉の三木城攻めの途中で死んでいる。四国攻めでも武功をあげた戸田勝隆は伊予国大洲7万石の大名となり、最後は畳の上で死んだ。

問題は、残りのふたり神子田正治と尾藤知宣です。

神子田正治は典型的な例かもしれないけど、秀吉は「こいつは腹が立つから追放」という格好で突然追放されてしまうわけです。それは、なにかしらの理由で秀吉のご機嫌を損ねてしまった。言ってみれば〝信長的〟な処遇で追放されたのです。

この正治は、一度追放されたあとに秀吉の前に現われ、「すみません。許してください」と許しを請うたのですが、秀吉は許さなかった。そして正治に、切腹を申しつけたのです。

尾藤知宣も同じで、知宣は九州の島津攻めで失敗を犯しました。讃岐《さぬき》国宇多津に5万石の所領がありましたが、没収のうえ追放されてしまいます。

その後、知宣は小田原征伐の陣に現われ、「もう一回チャンスをください」と謝っているんです。秀吉のイメージだと、「チャンスをください」とか「お願いします」と言って頭を下げると、「じゃあ一回だけ。今度は頑張れよ」というイメージがあるじゃないですか。なんといったって、秀吉は〝人たらし〟なのだから。

だけど現実には、そういう甘いことはなく、知宣も許してもらえない。で、やはり、自害を申しつけられてしまう。知宣の最期については諸説あるのですが、結局は殺されちゃうんです。実際の秀吉は僕らのイメージより、ものすごく厳しいところがあるんです。

秀吉といえば、小田原の陣に遅参し〝死に装束〟で現われた伊達政宗に、「よし。許してやるか」と言って、豪快に許したという説話が有名ですよね。そのため僕らは秀吉に対して、なんとなくそういうカラっとしたいいイメージがあるのですが、結構ネチネチと許してくれない面があるのです。最悪の場合は、命まで取られてしまう。つまり、秀吉も、信長と同じで独裁者なんです。そこを、絶対に間違えてはいけません。

たとえば、平成28（2016）年に発見された脇坂安治への文書のなかで、追放した神子田正治に関する記述があります。そこには、「神子田正治が、いろいろなところに逃げているらしいけど、これを匿《かくま》ってはいけない」とか、「神子田を匿ったら同罪だ。俺は信長のように優しくないぞ。信長のように甘くないぞ」という、手紙を書いている。

このなかで、恩のある主君・信長に対して、信長公でも信長様でもなく、「信長のように」と呼び捨てで書いているわけですから、この一面を見ただけで、いかに秀吉の上昇志向が強いかが読み取れます。そこに、専制君主としての秀吉のイメージが強烈に浮かび上がってくるのです。

“人たらし”が権力を握った末路

秀吉が持ち上げられる事例としてよく言われるのが、「秀吉は、農民のことをよく知っている」「秀吉自身が農民出身だから、農民を大切にしている」ということ。そのため刀狩りや太閤検地《たいこうけんち》、兵農分離を行ない、農民には農作業をしっかりやってもらう土台を築いた。そういうイメージで、農民に優しい政策を行なっているというような解釈がされることがあり、ドラマで描かれることもあります。しかし、太閤検地に逆らった人間をどうしたかといえば、秀吉は、「撫《なで》斬《ぎ》りにしろ」、つまり「皆殺しにしてしまえ」と、命じているわけなんです。

そこからは、天下人となり農民を見下す秀吉しかイメージできません。さらに専制君主となった秀吉は、朝廷に対しても上から目線となっていくんです。信長の家臣時代には、〝人たらし〟とされるほどの気遣いの人であった秀吉も、権力を手にした途端、性格が一変する。「信長と同様に、あるいはそれ以上に専制君主となった」ということは忘れてはいけないんです。

いや、秀吉はもっと前から結構エゲつなかったかもしれない。羽柴時代の秀吉が、中国の毛利攻めを行なったとき、三木城の〝干《ひ》殺《ごろ》し〟や、鳥取城の〝飢《かつ》え殺し〟、備中高松城の〝水攻め〟といった残酷な作戦を平気で行なっているわけです。

いざとなったら残虐な手段を用いることに、秀吉はぜんぜん躊躇がないんですね。

また、秀吉の部下への接し方を見てみると、秀吉の気性の激しさが見てとれます。恩賞にしても、機嫌のいい秀吉はたくさん領地を増やしてくれるのですが、逆に機嫌が悪いと情け容赦もなく削っていくわけです。

それが、如実に現われているのが丹羽家と蒲生家に対してです。

丹羽長秀は秀吉が天下人になる手助けをした人で、一説によれば100万石といわれる大きな領地を与えられていたのですが、その長秀が亡くなり息子の長重の代になると、「お前には100万石は無理だろ」と、領地と仕えていた家臣を取り上げられてしまいます。このとき、丹羽家から奪った家臣のなかに、のちの五奉行のひとりになる、長束《ながつか》正家がいたわけです。結局、長重に残された領地は、加賀小松の12万石だけになってしまいました。

蒲生氏郷に対しても、奥羽を押さえる要として大きな領地を与えていましたが、その氏郷が亡くなると蒲生家の事情などお構いなしに、息子の秀行には「2万石だけを与え、他はすべて召し上げる」と言いだします。さすがにこれは、「ちょっとかわいそうじゃないですか」と横槍が入り、撤回されました。でも結局、秀行は会津92万石から宇都宮18万石へと、大幅に領地を減らされ、当然そうなると家来たちも、みな浪人にならざるを得なくなってしまっています。

このように、秀吉は大盤振る舞いする代わりに削るときはごっそり削る、しかも、取り立てて悪い行ないをしたわけでなくても、秀吉の都合でみんな取り上げるみたいなことをやっています。だから秀吉の家来でいるということは、相当リスクが高いわけですね。

さらに、秀吉の場合はなんといっても、〝老害秀吉〟がキーワードになります。秀吉は、信長のもとで一生懸命働いていたときは、とんでもなく優秀な社員だったわけです。その頃の秀吉は、いってみれば奥さんを大切にし、友達とも上手くやる、まあ、非の打ち所がない家臣でした。だけど、だんだんと力を持ち、権力を掌握するにつれて、秀吉の嫌なところが出てきます。

それが先ほど話した、太閤検地に対する罰則や部下に対する処遇です。さらに年を取ってから、跡取りの秀頼が生まれたあとの秀吉は、自分の跡を秀頼に継がせたいということばっかりが表に出るようになり、相当残酷なことをするようになります。

それが、端的に表われているのがやはり豊臣秀次※の誅殺《ちゅうさつ》でしょう。

この事件に関してネットでは、「秀吉は秀次を自害に追い込むつもりはなかった」という説が紹介されています。それは、ある大学の若い先生が、そういう説を出しているのですが、納得のいかない解釈なんですね。

なぜなら、世界史的にみても自分の子どもに王位を譲りたい王様が、血族中の他の競争

豊臣秀次：母が秀吉の姉。小田原征伐、奥州征伐での功績により尾張国、伊勢国合わせて100万石を領した。秀吉の後を受け関白となるも秀頼誕生により自害。

相手を〝血祭りに上げる〟〝殺してしまう〟ということはよくあることです。秀吉が行なったのも、同じことなのです。

大した理由もなく秀次を死に追いやったあと、さらに秀吉は秀次の妻、側室、子ども、侍女、乳母など39人もの無抵抗な女性や子どもを斬首し、見るも無残なかたちで葬り去ったわけでしょ。こういう行ないは、常軌を逸しているとしか思えません。さらに、一旦は形の上で天下を譲られていた秀次を補佐していたグループも、みんな切腹させられた。そのなかには有能な人が多くいました。

これはバカげている。タコが自分の足を食べているようなものです。こんな内紛が結局豊臣政権を弱体化させてしまったことは間違いないわけで、そういうことを考えても秀吉は、やはり晩年は、「以前のキレがないな」と言わざるを得ないのです。

やはり、〝朝鮮出兵〟が、秀吉の愚行の代表例でしょう。朝鮮出兵など、多分誰もやりたくはなかった。やりたくなかったにもかかわらず、現実のものになってしまった。いったい誰がやりたかったのか、実際わからないのです。さらに、本当の目的はなんだったのか。

ですが、朝鮮出兵を無理やり行なって、日本も朝鮮も（まあ、朝鮮にしてみればこの上なくいい迷惑だったんだろうと思いますが）とんでもないことになっていきます。その後、朝鮮出兵で積もり積もった不満が、豊臣政権を滅ぼすことになるわけですから。

秀吉の明るさは計算尽くなのか？

秀吉については、「天性の人たらし」というのが、どうも胡散臭《うさん》い。晩年の残酷さを考えると、秀吉が本質的に陽気で人を愉快にさせる、天性の明るい人間だったというのは嘘だと思っています。

テレビで見かけるお笑い芸人が、普段は無口で人としゃべらないとか、サインを求めても相手にしてくれないという話をよく耳にします。秀吉もこれに近いところがあって、秀吉の明るさはすべて計算されたもので、本来のものではないんじゃないかな。

明るくて楽しい〝愉快な秀吉〟は計算尽く。本当の秀吉は、人を信じないとか、すごく地味で暗くていやらしい感じの、いかにもって感じです。そういう、育ちの悪さから来る〝嫌らしさ〟は、否定できないと僕は思うのです。

ここでひとつ考えられるのは、秀吉の「生まれに対するコンプレックス」ですね。秀吉には、自分が下から這い上がってきたというコンプレックスが相当あって、そこを突いてくる奴は、許さない。残酷に対処したりするんじゃないかな。

秀吉の肖像画を見てみると、あまり品がないというか——秀吉の肖像画で一番有名なものが京都の高台寺に残されているのですが、これが秀吉にかなり似ていると書いてあるのです。周りの人間がこの肖像画を、「非常によく描けている」と考えていたとなると、彼はまさに、ああいう感じなのです。秀吉は育ちが悪い。教養がない。ですから僕は以前、秀吉を「現場の人」と評したことがあります。秀吉は現場で鍛えられた〝叩き上げの男の顔〟をしていたわけです。なので品はありません。まあ、それは悪いことではなく、秀吉は自身の才能だけを頼りに偉くなったわけですから。

でも秀吉は、当時の教養の中心にあった和歌など、非常に見事な歌を詠むんですよ。教養がなくても、人が詠んでいる歌を聴いて真似る。そういうのは本当に上手い。

筆跡に関しても、漢字は書けないけどひらがなはじつに味わい深いそうです。独特なもので、決してオーソドックスな筆使いではない。そこに味わい深さを感じる人は、「美しい」と感動する。

ですが、ある研究者は、「ともかく下手くそですよ」と断じます。残念ながら教養がないため、独特な書となったのでしょうね。秀吉は、基本となる文字の崩し方を習っていないから、上手くは書けない。そこが、人によっては下手くそに見えるんでしょう。

しかし、秀吉の鎧兜《よろいかぶと》などを見てみると、美的センスがあったことは確かです。これは、織田家で培ったものでしょうが、人のいいところを見る目は確かだし、人のいいところを吸収する才覚は間違いなくあった人ですよ。そういう意味では、真似する天才なのかな。これは秀吉を腐す言葉ではなく、むしろ褒《ほ》め言葉でしょう。

信長の敷いたレールを走り続けた秀吉

そしてもうひとつ、生まれのコンプレックスで考えなくてはならないのが、秀吉の黄金趣味です。

秀吉の成金趣味が、茶人・千利休との間で対立を生むわけです。先ほども言いましたが秀吉は、芸術的、文化的な感性が非常に優れている人なんです。それから、金ピカ趣味というのも金が持っている怪しいまでの美しさみたいなものがあるわけで、一概に「これは悪趣味だ」と切って捨てることはできません。ですが、渋さ、渋みという、日本の伝統的な文化を体現する利休に対して、死を命じてしまうあたりが秀吉の欠点ですね。結局、侘《わ》び寂《さ》びのようなものは、秀吉は認めないわけです。

さらに、八条宮（八条宮智仁親王）を猶子《ゆうし》に迎えており、「秀吉は朝廷に対して非常に敬意を払った」とも伝わっています。そこから秀吉は、朝廷とは極めて良好な関係を築いていたという説を唱える人がいます。そのため、皇室好きな日本人は、「秀吉っていい奴だ」と考えると思うのですが、僕は「ホントかな？」と疑っています。

というのは、秀吉の側室の顔ぶれを見ていると、秀吉の生まれに対するコンプレックスが見て取れます。かつての主君である信長の娘（三の丸殿）を側室にするなど、秀吉はとにかくお嬢様が大好きなんですね。そのため、武家の名門の娘を次々に側室にしているわけです。

ところが、面白いことに秀吉は、公家の娘には見向きもしていません。お嬢様揃いの側室のなかに、なぜか公家の娘がいないんです。公家の娘を側室として迎えないところをみると、秀吉は「朝廷に対して非常に友好的だった」というより、公家に対してなんの興味も持っていなかったんじゃないかと考えられます。

秀吉が関白、あるいは太閤になっていくのは、あくまで豊臣政権のためのイメージアップの手段にすぎない。秀吉が天皇家を尊重したという話ではないのだろうなと考えると、秀吉に対するイメージがさらに変わりますね。

今、信長を否定する研究者の多くは、「信長はダメだ、優れていたのは秀吉だ」という、言い方をするわけです。学校の教科書で習う刀狩り、兵農分離、太閤検地にしても、秀吉がアイデアを出して実施したと言っているわけです。秀吉には、オリジナリティーがすごくあったけど、残念ながらボケてしまって、晩年はダメになってしまったという理解です。

ですが、信長を高く評価する研究者からすれば、「秀吉は、信長が敷いたレールをずっと走っているだけじゃないか」という風に言われます。じつは、刀狩りも信長の頃から行なわれていた政策なので、秀吉が行なったことの多くは信長プロデュースで実行したのが秀吉だったという考え方がされるのです。朝鮮出兵（唐入り）も、もともとは信長が行なおうとしていたという説もあります。

このように、秀吉はただ信長路線を歩んでいただけだとすれば、秀吉の実際に創りだしたものって「どれだけあるんですか？」となるのです。そこが今、論争の対象になっているところです。

秀吉は、信長がすでに敷いたレールを走っているときはよかったけど、独自色を強めはじめたところで、朝鮮出兵までやってしまって失敗したという捉え方もできるわけです。

ただ秀吉も、信長以上の専制君主で、仕えるのがたいへんな上司だったことは間違いありません。そういう意味でも、仕える部下からするとじつにたいへん。まったく安心できない人だったのでしょうね。

徳川家康

美のない天下人

画像提供：東京大学史料編纂所所蔵模写

徳川家康プロフィール

天文11（1542）年12月26日、三河国で戦国大名・松平広忠の嫡男として岡崎城 にて生まれる。幼名は竹千代。6歳の頃から人質として、当初は織田家、次に今川家で暮らし元服。瀬名（築山殿）を娶《めと》った。

永禄3（1560）年、義元が桶狭間の戦いで信長に敗れ討ち死にすると、岡崎城を奪還して東海に勢力を拡大する。信長とともに武田勝頼を倒す。信長の死後は、秀吉の天下統一に協力、小田原征伐後に関八州を与えられ、江戸入府。関ヶ原の戦いに勝利すると、慶長8（1603）年に、征夷大将軍となり、大坂の陣で豊臣氏を滅ぼして、天下を統一する。

待ちに徹して勝利を掴む

徳川幕府初代将軍となり、250年以上も続く太平の世の基礎を築き上げたにもかかわらず、なぜか人気がないのが徳川家康です。

健康オタクの家康は長生きをすることで、じっと我慢に我慢を重ねて耐えに耐えてその時期を待ち続けたことで見事に天下を簒奪《さんだつ》したのです。これだけでも、日本人を代表する性格の人物のようですが、信長、秀吉、家康の3人のなかでは、人としての評価がどうもマイナスなイメージが浮かぶんですね。

徳川家康といえば、思い浮かぶ言葉は間違いなく「ケチ」ですよね。

よく言えば、質実剛健かもしれませんが、でも家康の場合は美的センスが欠けているというか、人生に華がないんです。どうも、そんな気がします。

家康が建てた江戸城を見ても、ぜんぜん美しい感じがしないのです。江戸城だけではなく、駿府《すんぷ》城にしても、ただデカイだけ、白いだけで、工夫やヤル気があまり感じられない。

家康が身に着けていた鎧兜などもそうです。家康は自身の鎧をイタリアで作らせたうえ試射までして、「ちゃんと弾を跳ね返しているな」と確かめていたそうで、そういう用心深さはしっかりありました。しかしその考えは実用本位で、せっかく甲冑《かっちゅう》をイタリアで作らせているのに華やかさがないいんですよね。

久能山《くのうざん》東照宮に展示されている、家康が関ヶ原の戦いで着用していたという甲冑、「歯朶《し だ》具足」を見ても、「もう少し綺麗な鎧兜にすればいいのに」と思うような感じですよね。「大黒天が夢に出てきてそれの形を真似た」そうですけれど「質素倹約しました」としか思えない。それが結局、家康らしさなのかもしれませんが……。

もちろん、家康が優秀な人物であることは間違いなく、勉強家であり、剣の達人でもあるし、さらに、馬術や水泳なども上手なんです。そういう、戦国武将としてのツボはしっかり押さえているわけですが、信長や秀吉に比べて、どうも今ひとつパッとしない。

それは、繰り返しますが家康には美的感覚がないからだと僕は考えます。信長や秀吉にある〝華〟がないんですね。武将としての〝華〟、スター性ということに関して、どうしても家康は一歩も二歩もふたりから劣っている気がします。

ただ家康は、江戸の町を造るといった「土木工事」は好きだったみたいです。土木工事好きということはとても大切なことで、言い換えれば、「土台作りみたいなことに一生懸命になる」ということです。

しっかりとした土台の上に建てられた天守や櫓《やぐら》、御殿などは、華やかな装飾が施されていなくても使用にはなんの問題もありません。質実剛健に徹し、最後に笑ったのが家康です。

家康は常に、「石橋を叩いて渡る」とか、「石橋を叩いても渡らない」といった感じで非常に堅実。賭けに出ることはほとんどしないのです。

だから、すでに一大名に成り下がっていた豊臣家をあそこまでして滅ぼしてしまうわけですね。

たとえば秀頼に、5万石か10万石でも与えて生き残りを許していれば、家康もタヌキおやじ呼ばわりされることなく、後世の評判も酷くなってはいなかったでしょう。大坂の陣で、秀頼を滅ぼしたために、後世の評判が悪くなったわけです。

家康は後世の人気よりも、目の前の実を取る人です。秀頼の生き残る道を模索し豊臣家の存続を許しておくと、もしかしたら徳川家のその後は危なかったかもしれない。名より実を取る人で、そこが家康のつまらないところなんですよ。家康には華やかさみたいなものがないし面白味に欠ける人だといえるのです。

また、軍事面に関しても、華麗に敵を討ち破ったという戦歴がない。

家康は野戦の名手というより、戦い方が堅実なのです。

敵が攻めてくる。それをとにかく守る。防御をする。地道に守っていく。戦いのなかで敵を大逆転で撃ち破るような賭けには出ない。ひたすら耐えに耐える。

ただ一度、家康にしては珍しく、元亀3（1573）年の三方原《みかたがはら》の戦いでは武田信玄の挑発についムキになってしまった。そして耐えて守る鉄則を疎《おろそ》かにして、全力で信玄に向かって行ったのですが、見事にボロ負けしているわけです。しかし長篠《ながしの》の戦いのように、最終的には信長に援軍を要請して、武田を破る。そういう堅実な戦いが得意なのです。

その後の、小牧・長久手の戦いでは本来の自分の戦い方を取り戻し、じっくり腰を据えて秀吉の失策を待つわけです。そういう意味でいうと家康の戦は、「自分からは仕掛けない」。待ちの家康の真骨頂ですね。

そのため戦でも家康は、華々しさがないんです。信長も秀吉も、自分から動いて勝ちをもぎ取っていくわけですが、家康は常に待つ。そして敵の失策につけ込んで勝ちを拾いにいくのです。

ストレスに強い天下人

確かに家康には、地味に粘り強く戦っているイメージはありますが、おもしろい戦いのエピソードがないんですよ。少数の兵でもって巧みに勝ったというのがないのです。

たとえば、信長だと「桶狭間の戦い」、北条氏康だと「河越夜戦《よいくさ》」※、毛利元就は「厳島《いつくしま》の戦い」など、少数で大軍を打ち負かした伝説になるような戦いがあるのですが、家康にはそんなものはない。武田が大軍で圧力をかけてくることに対して、耐えること、頑張ることと——もしかすると家康は、ストレスにはめっぽう強く、だから長生きしたのかもしれないですね。やはり家康は、相当我慢強い人だったんでしょう。

秀吉は城攻めで、それまでの戦いの様相を一変させてしまった。土木工事を行ない、攻城戦そのものを変えてしまったけど、そういう〝新しい戦い方〟は家康にはないですね。

信長は信長で、どんな戦いでも勝ちにいく積極的な姿勢をみせますが、家康にはそういっ

河越夜戦：北条氏綱が武蔵国征服を目指し、天文15（1546）年に行なった戦い。日本三大夜戦のひとつで約10倍の兵力差を跳ね返して北条軍が勝利した。

た姿もあまりない。

家康が単独で勝った戦いは、「三河平定戦」ぐらいで、大向うを唸らせるような勝利はあまり聞かないし、家康の見事な勝利といえば、関ヶ原の戦いぐらいしか知りません。

そういえば、家康は常に信長と一緒に戦っているというイメージがありますね。元亀元（1570）年の姉川の戦いでも、信長軍が浅井軍に押されていましたが、家康が朝倉勢を撃退して、その勢いで織田・徳川連合軍が勝ったといわれています。家康はもしかすると、根っから舎弟体質なのかもしれません。コバンザメ体質？　ナンバー2で力を発揮する人なのかもしれません。

こう考えてみると、〝野戦の家康〟や〝三河武士は強い〟というのは、後世に創られたただの伝説だったのかもしれないですね。

家康は、ひたすら地味を実践しているから、部下にゲンナリされることはあっても、「あなたとは、もうやってられません」と反旗を翻されることは少ない。ただ「うちの殿様、ケチだな。もう何年も給料上げてくんないよな」と部下は呆れ果てていたのかもしれませんが……。

また家康は〝熟女好き〟とよくいわれるように、女性関係も至って地味です。家康が熟女好きという説は、年上の女性や後家さんばかりを側室にしたことに由来するようですが、これは勘違いかもしれません。

家康は、女性に対しても周到に考えをめぐらしていました。それは、正妻の築山殿が死んだあと（自身が命じて殺させたあとのことなのですが）、どうも家康は女性に対して、〝子どもを生むこと〟を第一条件に考えていたようです。それは、ひたすらに徳川家の繁栄を願ってのことで、それが家康にとって一番重要だったようです。

そこで、「子どもを生んでくれるのはどういう人か？」と考えた場合、「もうすでに子どもを生んだ経験のある女性」ということになります。子どもを生んだ経験のある女性は、出産未経験の女性より出産確率が確実に上がります。そのため、家康は子連れの女性を次から次へと自分の側室にするわけです。決して本来が熟女好きだから年上の女性や後家さんを選んでいるわけではないのです。家康さえ頑張れば、子どもは産まれてくるわけですから――でも男として、「それでいいの？」と思いませんか？　もう、「夢もロマンもないだろう」という感じがしてしまうのですね。

その上彼はね、「もう十分かな？」というくらい子どもが増えると本性が出たのか、今度はロリコンに走るわけです。

若い側室をいっぱいもらってね。そこにも「ロマンがない」という気がします。一生、熟女好きを押し通せばいいのに、途中で急変して若い女性に手を伸ばす。もう、スケベ親父丸出しみたいで、「家康さん。それをやったら台無しです」と誰もが思うようなことを平気でやる。それが、家康なんです。

国を閉ざして内需拡大に舵を切る

話は変わりますが、信長が天下人になれたのは、「運がよかった」という考え方があります。信長が生まれた尾張国、そして隣の美濃国、伊勢国は他の諸国に比べると生産力がずっと高いのです。甲斐国や信濃国で、信玄が信長と同じ苦労をして獲得できた豊かさに比べると、同じ苦労で信長は3倍くらいの豊かさを手に入れているわけです。ですから信長は、「運良く天下を獲れたんだ」という言い方もできる。

家康にしても、たまたま隣に天下人となった信長がいたため、出世街道を歩めたといえば、そのとおりです。家康が信長と離れた土地に住み、のちのち天下人になれたのかと問われると、それは無理ですとしか答えられません。家康は、信長との関係性のなかでのちに天下人になるわけです。それはやはり秀吉にもいえることで、当時の信長が戦国武将のなかでより大きな存在だったことには、間違いない。

秀吉が信長の路線を走って成功したとすると、それのあとを受けたのが家康で、「織田がつき羽柴がこねし天下餅《もち》……」とは、言い得て妙ですね。

家康は、信長との関係で何度も酷い目に遭いながら、同盟を守りぬいた。そこが家康の我慢強さで、家康が天下人になれた要因なのです。あの人は律儀なんだ、信用できる。信用の蓄積が家康の財産です。ただ、この家康の我慢強さはなんとなくパッとしない。

さらに政治面でも、特別見るべきものがあるかといえば、残念ながら特筆するようなことはなにもないわけです。

歴史の教科書にも信長だと、「天下布武」や「楽市楽座」、秀吉だと「刀狩り」や「太閤検地」、「兵農分離」と出てくるわけです。では、家康はというと、これといった政策というのが思い出せません。そういう意味で、家康は政治的にはなにも新しいことはしてないんです。まあ、家康が行なったことは、時代をもとに戻してしまっただけでしょう。それは、江戸に都を造り、農業を国の根幹に置いたことからわかります。せっかく、秀吉の時代には経済に重きをおき、経済発展を推進していたのに、それが家康の時代になると、「あれっ、また農業ですか？」となり、時代が逆戻りしたような感じになります。

まあ、家康の愛読書は『吾妻鏡《あずまかがみ》』ですからね。吾妻鏡は家康の時代から、400年前の書物です。誰もが、「そんな400年も前に書かれた歴史書を、教科書にしてどうするの」と言いたくもなるところで、だから時代が後ろへ戻ってしまうわけです。

また、海外に目を向けると、秀吉の時代は海外に門戸が大きく開かれていました。確かに、やりすぎた面もあって、朝鮮征伐なども行なってしまうわけですが、家康は拠点を東に移して、ここでも待ちの姿勢を貫き、国を閉ざす方向性を打ち出しています。家康時代には鎖国は行なってはいませんが、海外貿易には積極的に取り組みませんでした。

足利尊氏が室町幕府を開き、そして三代将軍・義満が、京に室町殿（花の御所）を造営して日明貿易を行なうようになった。それは信長、秀吉にも継承されるのですが、家康は閉ざしてしまいます。そして内需拡大に舵を切り、開墾できる土地が多い「関東地方は開墾しましょう」「東北地方も開発しましょう」となっていくわけです。

やがて、日本は鎖国に進みますが、その基本的な路線を敷いたのは家康です。確かに江戸時代を通して、日本の国力は上がりますが、逆につまらない国になっていきます。

国を閉ざしたことで国家としての多様性がなくなり、ある種の閉塞感が漂い始めるのです。だから、あのまま国を開いていたら、「日本の歴史はどうなったのかな？」とつい考えてしまうわけです。

つまらない江戸時代がやって来た

国を閉ざしてしまった、その影響もあり、江戸時代は、面白くはないんですよ。ただ生きていく上で面白さなどは必要がなく、「堅実に生きていければ、十分じゃないか」といえば、それは正解です。大正解です。ですが、それじゃあつまらない。

信長が建てた安土城と秀吉が建てた大坂城、そして家康が建てた江戸城を比べると、家康が造った江戸城はどうも、個人的な主観ですが、ハリボテ感が漂っているように見えます。そして、江戸城はどうにも美しくない。

信長が開拓し、秀吉が拡大させて豪華絢爛な安土桃山文化が花開くわけです。だけど、その美術・芸術的な世界も家康の時代に萎《しぼ》んでしまい、秀吉が創りあげた安土桃山時代の優美さは、すっかり影を潜めてしまいます。

茶人・古田織部を主人公とする『へうげもの』という漫画では、〝江戸のつまらない時代がやって来る〟みたいな感じで描かれていて、関東に住んでいる私としましては、そういう風に描かれるとムッとしちゃうんですが、あながち間違いではないのです。

たとえば、安土桃山時代の女性の肖像画を見ると、女性は立て膝をして描かれていることが多いですね。要するに当時、女性の正式な座り方は立て膝だったり胡座《あぐら》だったりするわけです。そこにこの時代の奔放さだとか、自由さだとか見られるのですが、江戸時代になると女性は正座で描かれており、お行儀はよくても、「足がしびれてたいへんでしょ?」と思ってしまう。そんな感覚ですね。

なにか、楽しい自由さが江戸時代には、なくなってしまうのです。江戸時代になると、「儒学」が取り入れられ、そのため儒学の持つ重苦しさが江戸を支配するわけです。

昔から日本人は、「魂はどうすれば安らぐか?」ということをずっと考えてきました。その助けになったのが仏教ですよね。

仏の教えは、「仏はこういう風に説いている」と言い、仏とどう向き合えば自分が救われるかということを考えてきました。

ところが家康は(それは、信長の頃からの政策が完成したともいえるかもしれないのですが)、仏教を完全に葬式仏教にしてしまいました。要するにお寺は戸籍を管理する、一種の役所、役所の出先機関になったのです。

それは今の、東京・谷中の寺町とかに行けばわかります。寺町では、浄土《じょうど》宗寺院の隣に日蓮宗寺院が建ち、日蓮宗寺院の隣に曹洞《そうとう》宗寺院が建ち、曹洞宗の隣にまた別の宗派の寺院が建てられているという具合に、宗派が違えどもみな一緒なんです。なんの違いもない。そういう意味では、各宗派が独自に培ってきた牙は、幕府によってすべて抜かれてしまったということです。

人々は仏教に救いを求めない。人々は仏教に期待しない。「死んだあとの葬式だけ頼むよ」という話になったわけです。

その代わりに、人が生きていく理念として何を持ち込んできたのかというと、それが儒学です。儒学は基本的に「信じる、信じない」の宗教ではありません。儒学は、人はいかに生きるかを考える、そういう道徳だから、宗教ではないわけです。そんな儒学を導入して、「これを勉強しなさい」となる。そして儒学でがんじがらめに縛られた、非常に堅苦しい世の中が訪れるわけです。

文化・芸術も萎み職人の世界へ

性的な面もまったく同じで、日本人は古代から性には非常におおらかな国民性でした。男女ともに性を楽しむことをいろいろと行なってきました。その代表的例が平安時代の宮廷です。

平安時代の宮廷には、「色好み＝いいこと」という価値観がありました。色を好むことはいいことで、異性をどうやって口説くかが、人間の価値を決める（というのもどうかと思いますが）そういう感じで文化が展開して、源氏物語などが生まれてきます。

源氏物語を読んでみると、人間というものへの洞察力が優れているからこそ人を口説けるという形で書かれており、〝人間心理をいかに読み解くか〟ということを競い合っているわけです。

今を生きる僕らがそれを読んでも、勉強にもなるし面白いと思います。ただ、「あんた（光源氏のことです）は、そんなに女のケツばかり追いかけないで、政治家なのだからもっと仕事しろよ」とも思いますが、それはそれで当時はそういう文化だったんです。

ところが家康が作った江戸時代の支配者階級は、日本史のなかで唯一例外的といえるぐらい、性に対してはものすごく厳しく、非常に厳格でした。武士が、〝性を楽しむ〟ことは、悪いこととされてしまうのです。

それは、いいことか悪いことかはわからないけど、でもひとついえることはやはりそこに華がない。そして、つまらない。

この華がないことの象徴として、常に女性は正座して、「大切なところは絶対に見えないようにしなさい」となるわけです。それは、おおらかに股を開いたり、胡座かいていた安土桃山時代の女性のスタイルとは一線を画するわけですね。もちろん、江戸時代のほうがいいという人もいるかもしれませんが、それだと『源氏物語』は生まれない。

このあたりを含めて、確かに江戸時代は平和な世の中にはなったけど、家康が造った国というのは面白味がないんですね。

最近、高尾善希さんの『忍者の末裔　江戸城に勤めた伊賀者たち』（ＫＡＤＯＫＡＷＡ）という本が出版されました。

この高尾さんという方は、「ワンコイン古文書講座」を開いている。参加者は５００円を持って参加して、近世の古文書を読むということをやっている研究者です。

そのワンコイン講座に参加された松下さんという方が、「うちに古文書がある」というので高尾さんが調査されたそうです。すると、江戸時代の伊賀忍者の末裔《まつえい》がいかに江戸時代を過ごしてきたかが書いてある古文書の束が出てきたので、本にまとめられたものです。

この本はとてもいい本です。江戸時代の侍のリアルが書かれている。しかし、その侍たちの日常というのがまったくエキサイティングじゃないんですね。松下さんのご先祖である伊賀忍者の末裔が記した古文書の内容にはドラマチックな要素がないんです。

そこには、20俵※二人扶持《ぶち》の貧しい役人が、どうやって江戸時代を過ごしていったかということが詳細に書かれています。その松下家のご先祖様のなかに、少し頑張った人がいて、その方はひたすら精勤したそうです。精勤することにより、※足高《たしだか》の制で１００俵もらうことができた。でもその人が役職を辞したら、また松下家は20俵二人扶持に戻るわけです。そうやって、ずっと明治まで松下家は続いていきます。

僕は、これを読んでいて、江戸人はつらいな、と思った。江戸時代の役人生活っていうのは、休まず務めるところに価値を見出す、皆勤賞を取ることで初めて１００俵まで加増されるわけです。

でも、これはきついですよね。江戸時代の武家社会は、なにかを工夫したとか、なにかを造ったとか、「俺は人と違うこういうことをやったんだ」というのがない社会なのです。基本的に、20俵二人扶持という貧しい御家人の家に生まれると、その身分は固定します。だから、自分の人生も父親の人生の繰り返し。父親の人生も、祖父の人生の繰り返し。それがずっと続いていくわけです。確実に生きてはいけるんですがなにも面白みのない時代ですね。「人生なんてそんなものさ」といえば、それはそうなのですが。

戦国時代のように「明日は生きていられるかな」「明後日は死ぬんじゃないかな」という心配はないけど、面白みもない。それが江戸時代の特徴のひとつであり、家康が造ったカンパニーなんです。

江戸幕府を立ち上げたばかりの家康には、人の生きがいまでは考える余裕がなかったのかもしれませんね。

今の世の中、新しい会社を立ち上げようと思うと、社員にいかに夢を与えるかが大切だ

二人扶持：1年間に2人分の生活費として支給されるお米のこと。ひとり1年で5俵なのでふたり分で米10俵の扶持米が支給されます。

足高の制：家禄が、役職より低いときに、在職中に限り不足分を支給する制度。

といいます。「お前たちの働きがいはこれだ」「こういう風に俺たちが働くと、社会はこう良くなるんだ」とアピールする。そして、みんなで「おー頑張ろうぜ」と声を上げる。成功するベンチャーには欠かせないそういう感じが家康はないんです。

こうなると結局、全部が全部、家康って華がないという結論になってしまいます。やっていることに、華がない。彼の人生も、彼の執った政策も、後世に残した事柄も華がないと。

「優れた人物は誰ですか？」と質問すると、1位信長、2位家康、3位秀吉の順になり、家康を2位と答える人が多いらしいのです。ですが、「好きな人は誰ですか？」と問えば、家康はおそらく3番になるでしょうね。この3人のなかで家康は、一緒に酒飲んでいても面白くなさそうですし、多分話も説教臭くてトンチが利いた感じがしない。

確かに、「明日、死ぬかもしれない」という世の中で、家康が安心できる社会を作ったことは、とてもとても重要です。でもその反面、日本人がどんどんつまらなくなり、「創意工夫が生まれがたい」そういう世の中を作ってしまったのも事実です。

文化・芸術も、安土桃山時代の華やかさは消えさり、内に籠もるようになる。これを、文化が成熟したというのかもしれませんが、人々を驚かせるようなスケールの大きなものがなくなり、職人技の世界に向かっていったのです。

秀吉や信長は、公金を湯水のごとく使い、庶民にも金を使わせることによって、経済を発展させました。まあ、秀吉の朝鮮出兵はバブルの産物だったのかもしれませんが、信長、秀吉は常に物流を考えて、都（本拠地）を畿内に置いたわけです。

当時は、どうみても江戸は田舎《いなか》で、家康はそこに本拠地をおき地味に金を貯めている。そうなると、物流なんて二の次で、日本の国造りはどうしても地味になってしまいます。

今の日本も同じだけど、庶民が貯金ばかりしていたら、経済が回らなくなる。天皇家が院政を敷いた平安時代末期でも、とてつもなく浪費をしていたわけです。どんどん無駄遣いすることにより仕事が生まれ、消費が増え、消費が増えるから世の中の経済が回っていたのです。

金を使わない、質実剛健をスローガンに貯金を推奨して、無駄遣いをなくすことは、それはそれでいいことですが、経済のパイは大きくならない。そういう意味でいうと家康は、経済的なセンスがなかったのかもしれません。

江戸時代、平和が訪れ庶民の生活は安定しましたが、こういう世界では天才は出てこない。バブル崩壊後の日本は、家康が作った江戸時代と似ているかもしれませんね。

戦国コラム①

槍一本で大名になれたのか？

槍一本で戦国大名になれるのですか？　大名に出世できるんですか？　と問われれば、まあ可能といえば可能なんです。1万石くらいの大名には、上手くいけばなれたかもしれない。

戦場で兜首をひとつ取ったら、一生安泰と言われるくらいの領地はもらえたらしいのです。ただ、その一生安泰の領地とは、100石ぐらいなので、都合100人倒さないと1万石には届かないわけです。

猛将、可児《かに》才蔵は非常に強く、戦場ではたくさん首を討ち取っていますが、その討ち取った首をぶら下げて歩くわけにはいかないので、口に目印の笹をかませていたため、「笹の才蔵」と呼ばれていました。

この才蔵は、色々と主を変え、最終的には福島正則に仕え、関ヶ原の戦いでも多くの首を討ち取っていますが、もらっていたのは1000石程度に過ぎないのです。どれだけ強くてもひとりの武勇ではたかだか1000石もらえるだけなのです。

やはり、1万石の大名になるには用兵ができないと、いくら個人戦闘能力が高くても、それだけでは意味がないわけです。どれだけ戦場で槍を振り回して頑張ったとしても、兵を率いて戦う武将とはもらえる領地に差が出ます。

槍働きで有名な「賤ヶ岳《しずがだけ》の七本槍」も槍働きだけで出世したわけではありません。戦場では用兵術が優れていましたし、戦場以外では事務仕事もこなしているのです。結局、武将が出世するには、腕力だけではなく、頭も必要なのです。

第二章　名将も後継者の育成は苦手だった？

武田信玄

意外と大局観がなかった？

画像提供：東京大学史料編纂所所蔵模写

武田信玄プロフィール

大永元(1521)年11月3日、甲斐国で守護大名・武田信虎の長男として生まれる。甲斐武田家第19代当主。天文10(1541)年、父の信虎を追放して家督を継ぎ、信濃《しなの》国に進出。越後の上杉謙信と川中島で激闘を繰り返すなど苦闘の末、信濃国を手中に収めた。内政では、武田氏の分国法「甲州法度《はっと》(信玄家法)」を制定。さらに、治水工事や鉱山開発などの領国経営にも尽力する。駿河国の平定後に、北条氏と和議を結んで後顧の憂いを断つと、上洛を開始。元亀3(1573)年、三方原の戦いで徳川家康を破るが、翌年三河の陣中で発病。帰国途中の4月12日病没した。享年53。

金貨を使った流通システムは信玄が作ったわけではない

武田信玄は、甲斐の虎と恐れられた、戦国最強と評される人気武将ですね。
川中島での上杉謙信との一騎打ちなど、戦国を彩る名場面として有名でしょう。その上彼は、武田二十四将を率いて戦う武勇だけではなく、甲斐国を発展させる行政面での評価も高いのです。

信玄が独特の高い技術を用いて、治水工事に長けていたというのは、ご存知の方も多いのではないでしょうか？　甲府盆地を流れる富士川（釜無川）や御勅使《みだい》川に築かれた信玄堤は、逆ハの字型の短い石堤や、姫笹などを植えた水防林、聖牛と呼ばれる水制用具などを組み合わせて、洪水時に水勢を削ぐさまざまな工夫がされていたと伝わっています。

また、黒川金山の開発も有名ですね。黒川金山で甲州金を作り、その金を使って経済を活性化させた。商取引を簡便なものにしたといわれています。

ところが、東京大学史料編纂所の研究者・鴨川達夫さんによると、信玄が信玄堤を造ったことを裏付ける確実な史料は、あまり残ってないそうです。

さらに、黒川金山の金というのも、金掘衆とか金山衆などと呼ばれる専門集団がいて、その人たちの主導のもとで金を採掘していたんですね。その収益も金掘衆が掌握していてかなり独立的な存在だったのです。

なので、信玄が黒川金山を統制して、金山衆を使って金を掘っていたという話は、実際にはどうも違うようです。信玄が金の採掘に向き合っていたわけではなさそうで、「黒川金山があって運がよかったね」、程度の感じでしょうか。信玄は、金貨みたいなものを鋳造して流通させる、貨幣のシステムを作ったわけではないんです。

金貨を使った流通システムは、徳川家康の出現まで待たなくてはいけません。秀吉は天正大判を作りましたが、これはこけおどしというとちょっと言いすぎですが、「俺はたくさんの財宝を持っているぞ」ということを知らせるためのアイテム。天正大判を「流通させる」という感覚はないわけです。

金貨が流通し始めたのは、慶長6（1601）年に、徳川家康が慶長小判の鋳造を命じさせてからという話になります。すると、武田信玄が金を採掘して使っていたといっても、それはミニマムな話になってしまうんですね。

信玄が名君といえるのは、人材登用に長けていたところでしょうか。信玄は非常に優秀な人物を登用した。武田家には当たりの人材が多かった。

馬場美濃守《ばばみののかみ》（信春《のぶはる》）は、もともと教来石民部《きょうらいしみんぶ》（景政）と名乗っていました。教来石氏は名門・土岐氏の一族で甲斐にやってきたとされています。彼が有能だということで、馬場という甲斐に古くからある名家に跡継ぎがいないから、そこを継がせた。そして甲斐の人間として取り立てたんです。

これも有名な話ですが、真田昌幸もそうですよね。昌幸は信玄の側近を務めていましたが、真田幸隆の三男坊でしたから、真田の家は継げない。ではどうしたかというと、武田家に仕える地元の名門・武藤家の養子に入らせ武藤喜兵衛を名乗らせた。でも、長篠の戦いで長兄の信綱と次兄の昌輝が戦死してしまい、真田家を継ぐ男子がいなくなってしまうと、昌幸が養子縁組を解消して、真田に戻ったのです。

他にも、武田氏の四名臣と呼ばれる内藤昌秀（昌豊）も工藤家から内藤家へ、山県昌景も飯富《おぶ》家から山県の名称を与えられた。春日虎綱《かすがとらつな》（高坂弾正《こうさかだんじょう》）も、もともと農家なのですが一時的に香坂を名乗らせる。優秀な家臣には名門の家を継がせ、取り立てているんです。

信長も優秀な人はどんどん取り立てていますが、人材登用法が信玄とはまったく違います。たとえば秀吉や滝川一益、明智光秀など、どこの馬の骨かわからないような者でもそのまま使う。織田家の人間として取り込んでいますよね。

でも、信玄は必ずワンクッション入れているんです。もともと武田氏に仕えている家に養子に入らせ、氏名を変えさせて、それを使う。すごく工夫して人材を登用しているんですが、一世代古い人材登用法です。

信玄は生まれたときから甲斐国を一応、傘下に収めている守護大名家が出自ですね。謙信の長尾家は越後の守護代、信長は尾張守護代の奉行。毛利元就も大内氏に従属する国人領主です。そういう意味では、信玄はだいぶ恵まれていたわけです。

信玄が家を継いだとき、父親の武田信虎があまりにも戦争ばかりしていたので、家臣たちはみなウンザリしていました。それでクーデターを起こして、父親を追放します。このできごとを甲斐国の人はみんな喜んだという記録も残っているので、父親を犠牲にして、国をまとめたということなんでしょうね。

それから信濃国へ攻めていくわけです。信玄は一貫して拡大路線を取っていますから、いわば侵略マシーンなんです。

信玄の信濃侵攻は正しかったのか？

信玄は北条氏、今川氏と三国同盟を結び、信濃に出兵を繰り返して、約10年かけてほぼ信濃国を押さえました。その間には残虐なことも普通に行ない、信濃国佐久郡の志賀城を落としたときには、野戦で討ち取った敵兵3000（この数はオーバーですけど）の首級を籠城する志賀城の前で晒《さら》したり、城を落としたあと、捕虜となった城兵を奴隷にしたり女子どもを売り払ったりもしました。

信玄は、非常に有能な武将であることは間違いないのですが、結構非道なこともやっているので、いわゆる徳の高い武将という感じはあまりないのです。

10年かけてだいたい信濃を押さえたときに北から、長尾景虎（上杉謙信）が出てきたわけです。その後、景虎と10年かけて戦い北信濃をしっかり自分のものにしました。ですが、この10年が信玄にとって致命的な10年となったのです。

10年かけてほぼ信濃国を押さえて、もう10年かけて景虎を撃退して信濃国を領有した。これはとてもすごいことです。20年、いや一生かけたとしても、これほど領地を広げられる武将は一握りしかいません。でも、天下獲りという観点からすると話は変わってくる。

信濃国は一国で40万石なので、40万石を手にするのに20年もかけたことになります。どう考えても。20年で40万石は効率が悪い。信玄の戦略は非常に地道だったといえるでしょうね。

信長と比べると、それがよくわかります。信長は天下を獲るという戦略を持っていて、〝天下布武〟というスローガンを掲げていましたよね。信玄も西上作戦を行ない、武田の天下を実現しようとしていたといわれていますよね。

信長は7年間で美濃国を制圧しています。美濃国は一国で60万石なんです。7年で60万石獲って、その返す刀で北伊勢に侵攻して、伊勢国の北部地域を獲得。信玄の半分、わずか10年ほどで、美濃国60万石に、伊勢国の半分、約30万石と合わせ90万石をしっかり手に入れたのです。

信長の効率のよさを考えると、信玄はそれでよかったのか？

本当に長尾景虎と川中島で戦う必要があったのか？

20年もかけて信濃一国を押さえたことは算盤《そろばん》勘定《かんじょう》が合うのか？

攻略ルートはどうだったのか？

その根本的な戦略というのが果たして正しかったのか？

というさまざまな疑問が出てくるんです。

信長と戦うつもりがあったのなら、別の方策を行なったほうがよかったという話ですよね。

信濃は、確かに領土は広いのですが、米は取れないんです。米が取れないところにもってきて非常に治めにくい。山と谷が多く、敵対勢力が籠もりやすい地形がたくさんある。たとえば伊那谷は、第三次川中島の戦いの最中に上伊那の武将が反旗を翻している。難治の地とまではいいませんが、それでも治めにくい地域です。

信玄の基本的な戦略路線の信濃制圧を疑問視する声は聞いたことがないのですが、たとえば同じことをやるのでしたら上州（今の群馬県）は、50万石あるのですよ。領土の広さから考えると、上州を制圧したほうがずっと効率的ですよね。信濃の小県郡《ちいさがた》、今でいえば軽井沢の辺りを攻略してしまえば、上野国《こうずけ》への道は開けるのです。

確かに、戦術レベルでの戦いだと信玄は強い。実際、勝っているわけですから。ですが、戦略レベルで考えたときに、信濃に進むということしかなかったのか。もう少し違う戦略はなかったのかと考えてしまいますよね。

信長の場合、国単位での攻略ということをしていません。たとえば、美濃国さえしっかり手に入れ、あとは京都と岐阜を結ぶルートをしっかりと自分の支配下に置くけれど、近江国の全体を自分のものにしようという、発想がない。

領域ってものをどう捉えるか、平面で物事をどう捉えるかを考えたときに、信長は必要なところだけを確保しようとする。戦略があって、それを達成するための条件を考えて、必要なだけの領土を確保しているわけです。

ところが、信玄の戦略眼はひと時代古く、国という行政単位にものすごく拘束されてしまう。だから、信濃国を攻略し始めると「信濃国全体を手に入れなければいけない」という感覚になってしまうのでしょう。

信玄が、初陣を飾ったといわれているのが、天文５（１５３６）年、甲斐と信濃の境界に接している佐久郡の海ノ口城の攻略戦です。海ノ口城の平賀源心※を倒して、信濃侵攻の足がかりを作った。そして、先に出てきた志賀城を攻略して、佐久郡の制圧を完了したのです。

佐久郡は古代から開け、望月の駒という名馬の産地だった。信玄は、そのあたりを攻略後に、軽井沢・上田も手に入れる。でも、そのあとで生産力の低い諏訪を取りに行く必要があったのかという気がしないではない。具体的に言うと、甲斐国から北上して、野辺山高原を北に上がって軽井沢の辺りを手に入れてしまえば、諏訪に向かわず、上野の攻略にかかっても悪くはないのです。

もちろんこれは、信玄が非常に優れた武将だということが前提の話で、「じゃあ、お前一国でいいから攻略してみろ」と言われて、一国を攻略できる戦国武将がどれだけいたかというと、ごく少数しかいません。

信玄はそのごく少ない武将のなかで、飛び抜けて優秀なんです。ですが、信濃なら信濃という国にとらわれてしまい、朝廷にお願いまでして、信濃守の官職を得たりもしているわけです。

こうした見方をする人はあまりいないはずですが、信玄の戦略の立て方はやはり古い。そこがちょっと辛いところという気がしてしまいます。

さらに言うと、信濃に進んでも海がないんです。上州も同じ内陸なので、信濃と同じ条件ですが、いずれにせよ信玄が得た領土は海がぜんぜんない。「敵に塩を送る」という話

平賀源心：信濃国・佐久郡の平賀城主。『甲陽軍鑑』では、海ノ口城で武田勢に包囲され一ヶ月あまり籠城するが、晴信（のちの信玄）の策にはまり討ち死にしている。

がありますよね。史実として嘘か本当かわかりませんが、内陸部の領土しかない武田氏は、必需品である塩を絶たれると、もう本当にアップアップになるのです。

　景虎を打ち破り、川中島の戦いで完全に勝利して、直江津まで出れば海が手に入ると考えたんでしょうが、それも中途半端に終わってしまいました。

　それでやむなく信玄は、駿河の海を手に入れようと、今川との同盟を破って駿河国に侵攻します。そのときに、信玄の長男である武田義信が駿河侵攻に反対したため、義信を処断しています。さらに義信を廃したことで家来たちが離反するのではないかと、家臣統制に気を配っているのです。

　ここで大きな問題となるのが、なぜ義信がそこまで反対したのかということです。よく言われるのが「女房可愛さ」。義信の女房は義元と正室の間に生まれた娘です。今川・北条と結んだ甲相駿《こうそうすん》三国同盟のため、義信のところに嫁いだ。夫婦仲はよかったと伝わっていますが、さすがにあの時代で女房の可愛さからそこまで反対しないですよね。

　すると考えられるのは、義信と信玄の対立というのは、今川と手を切るのが得策かどうか、そこの判断を巡る対立だったんでしょう。

「今川との同盟を堅持した上で武田は地道に力を伸ばすべき。これまで十分に機能している今川との同盟破棄は損だ」というのが、義信の考え方です。

「今川と手を切れば三国同盟も崩れ、北条とも戦うことになる。北条と戦っても今川と戦っても、なにしろ海が欲しい」というのが、信玄だった。

その判断は、信玄のほうが正しいでしょう。では、義信を失ってしまったときのことまで考えて、信玄が判断したのかというと疑問符がついてしまう。跡取りとして大事に育ててきた義信を犠牲にしてまで、駿河に侵攻すべきだったのかなと。義信を失って後継にした勝頼が、そのあと滅ぼされてしまったから言うわけではないですが、信玄の選択は本当に正しかったのかと思うところはあるのです。

父親を追放した過去がある信玄は、自分がやったように義信に追放されるかもしれない、最悪殺されるかもしれないという恐怖があった。実際、自分がやったことを息子に「やるな」とは言えないわけで、信玄も父親と同じように、殺されなくても隠居させられて、「もうオヤジ引っ込んでろ」という形にさせられてしまうかもと考えてしまった。それがあったから結局、息子を殺してしまう。信玄にとっては、きついところですね。

でももうちょっと柔軟に考えたとき、今川と仲良くしたままで、三河国に雪崩《なだ》れ込むという手はあったのです。今川との同盟を破らず、三河国の海を獲得する。家康が自立し三河国の支配権を確保しただけでなく、遠江《とおとうみ》国に攻撃をかけてきて、今川氏真《うじざね》が非常に苦しんでいた状況を考えると、武田が今川と連合軍を組んで徳川と戦うという手はあったはずです。

なぜ信玄が徳川を攻めず、今川を攻めたかを考えてみると、徳川を攻めることで徳川と同盟を結んでいる織田と戦うことが嫌だったというよりは、近視眼的に今川を潰すという考えが勝ったのではないでしょうか。遠いところに領地があるよりも、自分に近いところに領地があったほうがいいから、三河国に攻め込むより駿河国に攻め込むほうを選んだのかもしれません。

氏真とそのまま協力して、弱体化していた今川の支配をテコ入れする形で徳川を潰し三河国を取り、今川と結んで織田と対決するほうが効率がよかったのでは。そうすれば義信も失う必要がなかったわけです。

選択肢としては、今川を潰すという信玄の方法も間違いとまではいえません。だから信玄が愚かだなんてひと言も言えません。

ただし作家の坂口安吾が言っているわけです。「世の中では信玄が勝つだとか、上杉謙信が勝つだとか言っているけど、それはもうとってもじゃないけど信長には勝てないと思うよ」と。実際そうなのでしょうね。

なぜかと言えば、信長は発想が違うわけです。信長の家臣団が優秀なのは、できる奴を登用したことにあります。信玄は他の武将より人材登用は優れていましたけど、甲斐国、あるいは武田家に仕えている人を養子にするみたいな旧来の勢力に目配りをしてしまう。信濃国なら信濃国にこだわってしまう。そこが信長と違うのです。信長のほうが先に進んでいるかなって、僕は思うんですね。

武田騎馬隊はいたのか？

また、これもよく言われますが、武田の騎馬隊についてです。武田の研究を行なっている人は、騎馬だけを集めた騎馬隊があったのか、なかったのか、と論争をやっているわけです。武田の騎馬隊なかった説の人は、江戸初期に書かれた『雑兵《ぞうひょう》物語』という本を論拠にしています。

「騎馬隊といって馬に乗って戦うことが書いてあるけど、そんなことは嘘ですよ。あくまでも、合戦場まで移動手段として馬に乗ることはありますが、いざ戦うときには馬から降りて戦うんです」と『雑兵物語』に書いてあるんです。

騎馬隊なかった説の人が加えて強調するのは、「日本の馬はサラブレッドみたいな大きな馬はいなかった」ということ。日本の在来種はポニーみたいな小さな馬で運搬に使うのはいいけど、鎧兜を着けて槍を持った武者を乗せて突撃するのは無理だというわけです。馬に乗って戦場まで行くけれど、突撃はしないで馬から降りて戦ったと考えているんですよ。

それに対してNHKの大河ドラマ『真田丸』の時代考証をした平山優さんたちは「武田騎馬隊という強い部隊があった」という説を唱えています。

実際に調べてみると、今でも木曾馬っていう日本古来の在来種が残っていて、体高（肩までの高さ）が平均135センチ。体重350～420キログラムの中型馬です。山間部で飼育されているので足腰が強く、頑丈な馬なのです。サラブレッドの体高が160～170センチ、体重は450～500キロが標準ですから、木曾馬は二回りぐらい小さい。

そもそもサラブレッドは競走馬として品種改良をされている馬です。しかし平野が少なく山がちな日本では、サラブレッドは使い所があまりないんですね。

また日本の動物園や牧場で見かけるポニーは、ウェルシュポニーという種類ですけど、平均体高100センチ程度です。それと比べると木曾馬は決して小さくない。

しかも人間の体も戦国時代の人間は、平均身長160センチを切っているくらいの小柄な人が多いわけです。合戦図屏風や絵巻などで、馬に乗って突撃している武将とかが描かれています。それを見ると極端に馬が小さいってわけじゃないんですよね。武将と馬がそれなりのバランスで描かれているわけですから、小さい馬しかいなかったというのは、ちょっと無茶な話です。

それから馬が突撃してきた場面を想像してみてください。人間よりデカイものが押し寄せてくるんですよ。木曾馬がどれほどの速度を出せたかデータはないんですが、ポニーは時速40キロぐらいは出るんです。これは物すごいエネルギーになります。原付きバイクが制限速度の時速30キロで迫ってきたら怖いじゃないですか。馬に乗った騎馬の突進はそれ以上ですよね。

だから、騎馬隊の突撃がなかったといわれても、突進の有利を捨ててわざわざ馬から降りて戦うかなと思うんです。馬に乗ってワーって突撃したほうが絶対強くて怖いことは間違いない。だからいちいち馬を降りて戦うということは常識的に考えておかしいでしょう。そうなると騎馬に乗っての攻撃はあったと思うし、ないということはちょっと考えられない。

戦場で騎馬は使われていたのは間違いないようです。だけど武田の騎馬隊はオールマイティーに機能していたのかといえば、僕は疑問だなと正直思っています。

騎馬隊あった説の平山さんは、武田は騎馬だけで編成された部隊があって、これが武田騎馬隊と呼ばれたというのですが、僕もこれは肯定できない。

騎馬隊だけの突撃で最も有名だと思われるのが、ナポレオンが最後に負けたワーテルローの戦いです。ナポレオンの部下だったネイ元帥が、最後に騎馬隊による突撃をやっているわけです。それでも結局負けてしまうのですが、その突撃が後世語り草になるぐらい、騎馬だけの突撃は世界史的にみても珍しいわけですよ。

それが1800年のできごとです。それより200年以上前の武田家で、騎馬だけの部隊があったとは思えない。黒澤明監督の映画『影武者』で描かれた武田の騎馬軍団みたいなものは、いくらなんでも嘘だろうなと思います。

それと騎馬隊を編成しようとしても、当時の軍役のあり方からすると矛盾が生じてしまうんです。

当時は、「お前戦いに出てこい」という命令が下ると、いわゆる小領主、国人領主までもいかないような小領主は、自分の領地の住民から兵を集めるんです。

そのときに「お前の持っている領地にふさわしい軍役はこれだけだ」という指示も出ます。

たとえば「馬二頭」「鎧兜を着てその馬に跨《またが》る武将」近代的な軍隊用語なら「将校がふたり」。その他に「鉄砲を一丁」とか「槍二本」、それから「足軽二十人」、近代的な軍隊で言えば「歩兵・兵隊」が割り当てられる。たとえば、本郷家という小領主がいたら、本郷家にそういった軍役がかかってくるわけです。それを率いて出陣する。

当然のことながらその本郷さんは義務、言い換えればただ働きで出陣するわけじゃない。戦が終わればちゃんと見返りがある。「敵の首を取りました」など、戦いでどれだけ活躍したかによってご褒美をもらうんです。「田んぼを一町増やしてくれる」とか、「華々しい戦いをやってくれたから村をひとつやろう」などです。

また、「うちの足軽がふたり死にました」との、痛い目に遭った場合も褒美の対象になります。死ななくても、「これだけ怪我しました」「ここを鉄砲で撃たれました」「ここを矢で射抜かれました」「ここを槍で突かれました」、これも一生懸命戦って武田家のために犠牲を出したことなので、忠節の証《あかし》になるわけです。

とにかく戦での結果を逐一報告して、褒美をもらうわけです。報告は本郷家なら本郷家が率いた部隊の単位で行なわれます。当然本郷さんは自分の率いた部隊の報告だけをするわけです。

だから平山さんが唱えているような騎馬だけを引き抜いて、それを集めて騎馬隊を編成するということは、ちょっと考えられないのです。それをやってしまったら、誰の手柄かわからなくなります。手柄を立てたときに本郷ユニットはこれだけ手柄を立てたと報告して、はじめて戦場での働きに褒美を出せるわけですから。

近代的な軍隊のように、統制が取れていれば、「お前のところから馬を連れていくよ」、ということはできるかもしれない。でも戦国時代の武将は自立的です。信玄のようにカリスマ性があっても、近代的な軍隊のような統制はできない。これはもう研究で明らかにされています。

だから、騎馬がいなくなってしまうということは、一番の働き手がいなくなるということです。戦力が下がれば、手柄も立てられなくなるでしょ。だから、騎馬を出させようにも、一番の働き手である馬だけを連れだし、「馬だけの騎馬隊を作ることはありえたんだろうか?」というのが僕の疑問で、それはできないんじゃないかなと思うのです。

では、武田騎馬隊とはどういうものだったのか。信玄が信濃国を攻めたことを述べましたが、信濃国は古来、陸奥《むつ》国に次ぐ馬の産地として有名だったんです。佐久郡の望月は古代から馬の産地として知られていて、ここで育成された馬は「望月の駒」と呼ばれていました。甲斐も馬の産地としては有名です。つまり、甲斐国、信濃国で馬がたくさん育成できたのです。

ということは、織田や上杉、今川、北条といった周辺の武将と比べると、武田は騎馬が占める割合が大きかったんだろうと推測できます。

有能な家臣は育てたが後継者を育てられなかった

信玄にとっての不幸は、跡取りを育てられなかったことでしょう。信玄は7人の男子がいました。信玄の正室・三条の方が生んだ嫡男の武田義信。子どもの頃に失明した盲目の次男・海野信親、11歳で夭折《ようせつ》した病弱な三男・武田信之。この3人は同腹です。四男の諏訪勝頼、五男の仁科《にしな》盛信、六男の葛山《かつらやま》信貞、七男の武田信清は側室が生んでいます。

信玄は嫡男である義信を死に追いやってしまった。武田信者の方は、「あれは殺したんじゃない」と言いますが、やっぱり腹を切らせたんだと思います。その結果として、四男の諏訪家の跡取りとして考えていた勝頼を武田に戻して跡を継がせた形になってしまうのです。

そこで問題なのは信玄の遺言です。まず「自分が死んだら三年死を隠せ」と指示した。信玄の孫にあたる勝頼の息子・信勝に「これに跡を継がせよ」と命じた。だから勝頼は「陣代」で、正式な後継者ではないとされています。

これが本当だとしたら、信玄は大バカ者です。信長の伸長著しく厳しいご時世で、3年間なににもしないと、信長に滅ぼされてしまうと思わないのでしょうか？　もし本当に、3年間なにもしなくても武田家は安泰だと考えていたとしたら能天気すぎます。

それに後継者の勝頼に対し、「これは仮初《かりそめ》の後継者だ」と遺言を残したのが本当だとしたら、それでは家来たちがついてくるわけがない。

信玄がこのとき、遺言として残さなければいけなかったのは、勝頼を家来が尊敬できるようにすることでしょう。勝頼に少しでも箔《はく》をつける気遣いが必要だったのではないかということです。

武田の家来にしてみれば、信玄が亡くなる直前まで勝頼も同僚だったわけです。諏訪勝頼は武田の家来として、これから武田家のなかの武将のひとりとして頑張っていこう、という状態でした。

だから、山県昌景にしても、馬場美濃守にしても、ついこの前まで同僚だった勝頼が、「あっ、俺今日から大将ね」と言ってくるわけで、面白くはないですよね。だから信玄には自分の息子を箔付けするような配慮が欲しかった。信玄から見ると、他の武将たちから勝頼が舐《な》められるっていうところがあったんじゃないかと思います。

後継者を誰にするかというのは、今の中小企業や大企業も同じで、非常に揉めるところなのです。

後継者をしっかり選ぶことが、武将の功績の大小につながるので、その点に限れば、信玄はイマイチだったといわれても仕方がないでしょう。

信玄は有能な家臣は育てたのに、自分の跡取りは育てられなかった。家臣団はしっかり育てたのに、その家臣団が跡取りに不安や不満を持ってしまった。

勝頼の戦いぶりをみていると、父親の大きさっていうものがあまりにも大きかったので、「父親に負けてたまるか」「父親より、俺も結構すごいぜ」ということをみんなに見せなければならないと感じてしまう無茶な戦い方をしています。

長篠の戦いは、山県をはじめとする家臣たちが反対したといわれていますが、さすがに本気で反対していたらあそこまでは戦えないでしょう。長篠では、みんなで戦おうという気持ちがあったという考え方もできるのですが、父親に対するプレッシャーからか撤退の判断を誤りました。

高天神城も同じで、勝頼は父親が落とせなかった高天神城を落としました。でも高天神の場合は、城を落としたからどうなんだという話になります。長篠でも高天神城でもどこでもいいのですが、「この城を落としたら、その後どういう未来が開けるか」。そこまで考えて城攻めでもなんでもしなければならないと思うのですが、勝頼の戦略にはそれが見えない。勝頼は視野が狭かったのでしょうね。

結局、義信を殺さざるを得なかった。そのことがあまりにもデカかったのかもしれません。

信玄を追いかけていけば行くほど、彼が優秀だったことだけは間違いないのです。しかし海を早くに手に入れることを考えたり、領土の生産力にもう少し目をやるとか、それがなかったのでしょう。戦略的な部分でもう少し大局的に考えてもよかったのかもしれません。戦ったら勝ち。戦ったら強い。戦術としては強いんだけど、戦略としてはどうだったんだろうってことを思ってしまいます。

上杉謙信

〝義の人〟も人の心は読めなかった

画像提供：東京大学史料編纂所所蔵模写

上杉謙信プロフィール

享禄３（1530）年１月21日、越後国で守護代・長尾為景の子として春日山城に生まれる。幼名は虎千代。元服して長尾景虎を名乗り、天文17（1548）年、兄・晴景の跡を継ぎ越後国守護代となる。信濃の村上義清からの救援要請を受けて信濃に進出。武田信玄と５度にわたる川中島での戦いを行なった。永禄４（1561）年、上杉憲政から関東管領と上杉の名前を譲られ上杉政虎を名乗るが、すぐに将軍・義輝の一字を賜り、輝虎と改めた。その後は関東の平定に奔走するも苦戦。元亀元（1570）年には名を謙信に改め、北陸に進行して越中国、能登国を平定するが、病死した。享年49。

後継者を決められない優柔不断な漢

義の武将として名高い上杉謙信は、大河ドラマ「天と地と」で、石坂浩二が謙信を演じて以来、謙信役は細面の美男子が定番となっています。ただ謙信は、単なる細面のイケメンではありません。第1次から5次にわたる川中島の戦いで武田信玄と数々の名勝負を繰り広げ、信玄が〝甲斐の虎〟と呼ばれたのに対し、謙信は〝越後の龍（越後の虎とも）〟と言われるように武将としても評価を受けています。

さらに、内政面でも評価は高いのですが、謙信が、なにをおいてもドジなのは、後継者問題なのです。あれはもうただの愚か者ですね。

謙信は、49歳で突然亡くなるわけですが、死因は脳溢血だといわれています。謙信が脳溢血になった原因は、寒い北国で毎日酒を浴びるように飲んでいたからだと伝わっています。それもつまみを食べないでお酒ばっかり飲んでいたそうですから、そんなことをしていると死にますよね。

桶狭間の戦いで、織田信長が出陣前に舞ったとされる幸若舞《こうわかまい》『敦盛《あつもり》』の語りに「人間五十年」とあるように、当時は人生50年ぐらいという認識があった。そういう意味では49歳で急死してもおかしくなく、決して早死ではなかったのです。

だから当然、49歳ぐらいになれば自分が死んだあとの上杉家の行く末を考えて、自分の後継者をどうするかということは、あらかじめ考えておかなければならなかった。

今の企業もまったく同じですが、次の社長を決めないで死んでしまうのは、もう無責任というか〝ただの愚者〟としか、言いようがありません。

しかも、普通に考えたら後継者は甥の上杉景勝（血のつながる実姉の息子）がいいとみんなが思うはずです。ところが実際は、上杉家が真っ二つに割れて、北条氏康の息子である、つまり赤の他人の上杉景虎に、家臣の半分がついてしまうわけです。

もしかすると、上杉景虎にこそ、謙信が期待をかけていた可能性もあるのでは？　と思えるのです。

景虎の父である氏康と謙信は、長い間ずっと戦ってきました。なぜかといえば、謙信にとって「関東管領《かんれい》」が一番大切なはずです。そのため、謙信が目を向けなければならないのが関東地方ですから、そうなると謙信の一番の敵は武田信玄ではなく、北条なのです。

北条を追い払い、関東に対しての覇権を確立するのが謙信の一番の目的のはずで、そのため上杉と北条は戦うべくして戦う間柄だったんです。

ところが、永禄12（1569）年、信玄が甲相同盟を一方的に破棄して駿河に侵攻したことで、一時的に北条と上杉が手を結びます。そのとき、越後に人質として送られたのが、氏康の七男である三郎（景虎）でした。その翌年の元亀2（1571）年には、氏康が死去して家督を継承した氏政が甲相同盟を再締結したため、上杉と北条は再び戦争状態になりました。

ただどうも、謙信は三郎が気に入ってしまった（これが男色がらみだとしたら、公私混同のきわみで、本当に目も当てられません）ようで、自分の養子にしてしまうのです。しかも、自分が名乗っていた景虎の名まで与えています。

景虎は、謙信が敵対する氏康の息子。いってみればよそ者です。そのよそ者が、謙信が急死したあとに国を二分する戦いの一方の旗頭になれたことは、要するに謙信は晩年、景勝でなく景虎を、自分の後継者だと家臣に見せていたのではないかというのが僕の考えなのです。

そうでないと、国がふたつに割れることはないでしょう。普通考えたら景勝は血がつながっている甥ですから。家臣はみな景勝につくと思いますよ。

それはともかく、ふたりいる養子のうち、どちらを自分の後継者にするかということを、謙信がハッキリと決めていなかったことは間違いない。

このことは本当に愚の骨頂で、実際に上杉家はふたつに割れてしまい、勢力が削がれてしまっている。これはあまり注目されていないことですが、本能寺の変が起こって一番得をしたのは誰かというと、景勝だという言い方もできるわけです。

上杉家は本能寺の変がなければ、織田信長によって滅ぼされても仕方がない状態だったわけですね。本能寺の変の直前に、越中国の魚津城が陥落している。すると、信長の次なる目的は越後の春日山城になるのです。春日山城は越後国と越中国の国境から少し入った、今の新潟県上越市、直江津にありましたから国境に非常に近い。ということは、本能寺の変がなければ魚津城を落とした織田家の重鎮・柴田勝家が、その勢いに乗じて春日山城を飲み込むのも時間の問題だったといえるのです。

そうなると上杉家はもたなかったでしょう。謙信が存命中には、越中国から能登国を平定し、加賀国にも勢力を伸ばしているという状況でしたが、そこから越中国まで全部奪われてしまい、越後国を丸裸にされそうな状況にまでなってしまっていたのです。

景勝の時代になって、そこまで勢力が後退した原因がなにかといえば――もちろん織田軍を率いた勝家が有能だったこともありますが、上杉家が、越後一国を保持するのが精一杯という状況にまで落ちぶれてしまっていたことに尽きるのです。それもこれも、すべて謙信が後継者をきちんと決めず、育てなかったことで内戦が起こり、上杉家はダメになってしまいました。バカみたいですよね。謙信が生前に継嗣を決めておきさえすれば、上杉家の衰退はなかったということなのです。

謙信自身も、若い頃に病弱な兄との後継者争いに巻き込まれて、後継者の重要性が身にしみてわかっていたはずなのに、なぜかやらない。もう謙信は愚かとしか言いようがありません。そこが僕には、よくわからない。

自身が婚姻していないので、子どもが生まれることはないわけですから、そういう意味でも上杉家には特殊事情があるのです。子どもがいないのだから、後継者問題はそれでなくてもきちんとやっておかなければならないでしょ。現代の社長だと、実の息子にするのか、能力を見込んだ娘婿にするのか。それとも血縁にはこだわらずに部下を引き立てるか。外国人という選択だってある。それなのに、後継者を指名しないで「会社辞めます」などといったら、「なにやってるんだ、お前」と言われてしまう。そこが謙信にとっては一番のマイナス点です。

謙信に名のある家来がいないのはなぜか

また謙信は〝義の武将〟と称されますが、これがどこまで「本当なの？」という話になります。謙信は「義の武将で自分の領土欲がない」「他国を攻めない」と評価されていました。領地を増やさないことを、謙信贔屓《びいき》の人は「領土欲がない」と置き換えて考えるのかもしれませんが、それはどこまで当たっているのでしょうか？

永禄3（1560）年から、約1年の間に謙信は関東に兵を送り、小田原城を包囲したのですが、結局なにも得るものなく帰国します。鶴岡八幡宮で、「上杉政虎に改名し、関東管領になりました」と宣言したのが成果といえば成果ですが、領地はひとつも増えていないのです。でもこれって、無能だっただけかもしれない。

晩年、北陸に兵を出して越中国を制圧。さらに能登国の七尾城を攻め取っています。ということは、謙信に〝領土欲がなかった〟などとは絶対に言えないのです。間違いなく、謙信は領土拡張を図っています。だから、謙信が領土拡張を図らないことをポリシーにしていたというのは、嘘なのです。

これも有名な話ですが、常陸《ひたち》国の小田城を攻めたときには、人身売買も行ないました。

当たり前ですが、謙信が生きたのは乱世の時代なので、清廉潔白だけでは人の上に立てません。歴史小説やドラマの影響もあるのか、謙信を〝義の武将〟として称えることで、妙に潔癖に捉えすぎる傾向があるようです。

だから僕は、他国を侵略しない謙信の姿勢は実態に即しておらず、侵略しても領地を治めるってことに関してただ下手だったと考えているわけです。なにせ越後国すらまとめることもできなかったのですから。

それに、謙信が人材発掘みたいなことをやったという話もあまり聞きませんよね？ 積極的な人材の登用までは、謙信は踏み込んでいないのです。

上杉氏の家臣に神余親綱《かまなりちかつな》という、代官として京に駐在した人物がいました。朝廷や幕府と折衝するなどの外交活動をするかたわらで一生懸命、越後の青苧《あおそ》を売って大儲けするわけです。

上杉家には、そうした商人的な役割や外交官的な役割を担う者はいましたが、謙信が下から登用したのは河田長親※ぐらいじゃないでしょうか。

有名戦国武将の場合、物語として描かれる回数が多く、そのため家来も脚色されて有名になるわけですが、たとえば「北条氏康の有名な家来って誰がいます？」と聞いても、当然「？」ってなりますよね。氏康の場合は物語になること自体が少ないので、全国に名が通る有名な家来がいなくても仕方はありません。

ただ謙信の場合は、多くの物語で脚色されているのですから、家来も結構有名な人がいて、武田二十四将みたいに上杉二十四将っていうのがあってもおかしくないはずです。なのに、有名な武将がまったく思い浮かばないというのは、家来の編成がイマイチだからでしょう。

また、謙信は精鋭８０００の軍勢をとくに〝選抜〟し、これを率いて縦横無尽に戦っているなんていわれますが、通常40万石で動員数は1万人なので、そこから計算すると動員兵力８０００の石高は32万石くらいになります。越後国は35万石くらいなので、「謙信は８０００の軍勢を率いて戦っている」というのは、常識的で特別なことではありません。

そう考えると謙信は、信長や秀吉、家康のような強力な軍団を編成することはできなかったのです。

今の茨城県や千葉県まで遠征軍は送るのですが、領土を手に入れることはしなかった。いえ、できなかったのでしょう。なにせわずか８０００の動員兵力しかないのですから、そこから人員を割《さ》くのは無理だったと考えるのが自然です。

武田信玄と同じで、謙信も最終的になにがしたかったのかわかりにくく、信玄よりさらに戦略が下手な気がします。

だから謙信に、「あなたはどういう戦略をもっていたの？」と尋ねても、せいぜい謙信が答えられるのは、「関東管領としての務めを果たしただけです」というところでしょう。だとすると、「なにそれ？」という話になるのです。

謙信の家臣に対する態度は、信仰心からも見ることができます。謙信と信玄、どちらも信仰心はあついのですが、謙信と信玄の信仰心には大きな違いがあります。

一昔前の大作家、海音寺潮五郎が面白い指摘をしています。信玄は常に理詰めなのです。「あいつはこんなに悪い奴だ。だから神様仏様は私に味方するべきだ」と、いうことを神様仏様に一生懸命訴えます。そして、「私の望みを叶えてくれたら、こういうことをやらせていただきます。だからどうか私を勝たせてください」という具合に、すべて理詰め。

一方の謙信は、「どうかひとつお願いします、なにがなんでもお願いします」と情熱的

河田長親：永禄2（1559）年に、景虎（謙信）に見初められ家臣となる。越中松倉城城主となり織田軍の越中侵攻を受け戦うも、その最中に城内で病死した。

に拝み倒すのですね。

これが信長だと、「神仏なんか知らないよ」となってしまう。そういう感じで、まあ、誰がいいかはわかりませんが。

現代人からすれば、信玄のほうがまだ理解できるでしょうか。謙信の神頼みは必死すぎて、ドン引きですよね。

また、謙信は独断専行が非常に強かったと言われます。とにかく自分ひとりがお堂内の毘沙門天《びしゃもんてん》の前で祈り、そこから姿を現わしたときにはすべてが決定されている。だから家臣のいうことは聞かない。

それは卵が先か鶏が先かはわかりませんが、謙信のように自分がやることをガーって最初から押さえつけるようにするから家来が育たないのか、それとも家来が育たないから自分でなんでも決めなくてはならなかったのか。

家臣の意見を聞いて事を運ぶ信玄と、独断専行型の謙信。ふたりは、そんなイメージですね。だから、謙信の部下には皆が意見を言える合議組織が見当たりません。

独りよがりな〝義の武将〟

たとえば、北条高広《きたじょうたかひろ》という武将には、上野国、今の群馬県を任せていました。雪が降り始めると上野国へは、越後からだと救援に行けないのです。

だから、「頑張って。どうにか任せたよ」といっているそばから、高広に裏切られるわけです。しかも2度も。

でも謙信は裏切られても、またすぐに許してしまう。やはり許さざるを得ないのでしょう。上杉家には、「それほど人材がいないのか？」、それとも「謙信に人間的な魅力がないから、すぐに裏切られてしまうのか？」、その辺りをどのように捉えればいいのかわかりませんが、非常によろしくないですよね。

まず、何度も裏切られること自体が変ですし、裏切った者に対して厳しい態度が取れていない。すると、裏切り得となり、「じゃあ裏切るか」とホイホイ裏切ってしまいます。

大熊朝秀《ともひで》も父・政秀の代から上杉家に仕える重臣で、長尾景虎（謙信）を擁立したひとりで、そのため謙信も重用していたのですが、朝秀は謙信の最大のライバル信玄に寝返ってしまうのです。

ですが朝秀は信玄のところでは忠実に仕え、最終的には天目山で勝頼と運命を共にし、武田家を裏切ることなく死んでいます。

こういう家臣の行動を見ると、信玄のほうが主人としては上なのかな。

謙信がすぐに裏切られるのは、政治的な手腕というのがなかったせいかもしれません。家来としては、主人が〝義の武将〟と呼ばれたとしても、領土欲を持たないのではなんのために戦うのかがわからない。

主人がひとりで粋がり〝義の武将〟と呼ばれるのはいいのかもしれないですが、独りよがりではダメなのです。家来たちにも自分と同じ夢を共有させることができないのなら、リーダーとしては失格でしょう。乱世で生き残ることを考えたときに、誰もついてこなくなります。

さらに、謙信の政治的手腕も古いのです。それは関東管領などという権威を後生大事にありがたがっているところからも想像がつきます。

また謙信は、出世魚のように名前を変えていますよね。それを見て僕はなにをやっているんだかって思うんです。長尾景虎から、関東管領の上杉憲政《のりまさ》の姓をもらって、上杉政虎になる。だから川中島の一番激しい戦いは、政虎名義で戦ったわけです。それから次に、上洛して足利義輝に輝の字を拝領し、上杉輝虎になる。そうやって、伝統的な秩序をありがたがるという発想。それはそれで、ひとつの考え方かもしれませんが、新しい時代を切り開く信長に比べると古いですね。そこには謙信の本姓である長尾氏が、越後の守護代ということが一因かもしれませんね。

武田は甲斐の守護。これは昔から「甲斐国の武士のリーダー」だったということです。その武田家に比べると、守護代は社長ではなく副社長から出発しているようなものです。すると、どうしても身分コンプレックスが起こり、そのため権威をありがたがる。それは古い価値観を持つ人たちにとってみれば、ありがたいことです。ですが秩序をありがたがるのは、そのほうが自分にとって有利だからかもしれません。

目指すは〝上洛〟それとも〝関東〟

謙信が一番の目標としていたのは、上洛ではなく、関東地方の平定です。

越後の地図を頭の中に入れ、さあ越後一国を治めてくださいと言われれば居城はどこがいいですか？　どう考えても春日山城のある直江津周辺ではありません。

居城を置くとすれば最適な場所はどこかというと、三日月のように細長い国土の中央部、今の新潟市あたりではないかと誰もが思うのですが、謙信はなぜかそれをしなかったのです。

確かに、春日山城から近い直江津を押さえたのは非常に重要なこと。直江津は良港で、江戸時代には北前船など、日本海の海上交易の中心地でした。おかげで上杉家はふんだんに稼ぐことができたのです。

直江津で上杉家が、経済的に非常に潤ったことは間違いないですが、謙信には信長のような身軽なフットワークが欠けています。

信長には、尾張から小牧山へ移り、小牧山から岐阜、岐阜から安土という具合に、その時々の状況に合わせて本拠を変えていく行動力があるのです。それに比べると、やはり謙信は古い。同じことは、信玄にも当てはまり、領国をいくら広げても本拠地は動かさない。

ただし領国を拡大し、それに合わせて居城を移動させるという考えは、信長だからこそできた発想だっていえばそれまでなのですが――それにしても、春日山城の位置は、越後国のなかでバランスが悪いですよね。まじめに謙信は、越後国をまとめる気があったのでしょうか？

なにより、関東管領である上杉家が関東に行くには、えっちらおっちら三国峠を越えて、「トンネルを越えると雪国だった」の逆のパターンで、「トンネルを越えるとそこは雪のない暖かい国だった」ということを、毎度やらなければならないのです。

それなのに、越後の端の居城を大切にして、そこから兵を率いてわざわざ関東地方に出るのはムダが多すぎます。まあ、下策とし か言いようがないですよね。機動力のことを考えたら、「なんで春日山にいるの？」といくら考えても、合理的な理由が思いつかない。もしかすると、本拠の移転が具体的に考えられないぐらい、越後国のなかでも支配力が脆《ぜい》弱《じゃく》だったのかもしれない。

関東を意識するのなら、新潟市辺りに本拠を移して、そこから急があるといつでも対応できるようにする。内政をきちんと治め、しっかりとした家臣団を作って、そして上野支店（上野国・現群馬県）を大切に盛り立てる。

上野国は上杉家にとって、非常に重要です。関東に行きたいのなら、絶対に確保しなければならない土地でしょう。三国峠を越えたところに拠点をしっかり築く。当時の上野国は、いってみれば草狩り場みたいな地域です。謙信が元気だった時期には上野国には箕輪《みのわ》城に長野業正《なりまさ》がいたぐらいで、他には謙信の進出を妨げる大きな勢力はいなかったはずですよ。
業正も、もともと関東管領である上杉家に仕えていた人だから、謙信にしてみれば取り込みやすい武将でしょう。また、関東管領の上杉家の影響力が残っている地域なので、ここはしっかり押さえなければならない。そんな上野国ですら押さえられないというのは――謙信ファンには申し訳ないけど、やはりボンクラなんじゃないのかなあ。

そう考えると謙信は、戦略家としてダメですね。

関東管領として働かなければならないのだったら、関東のどこかにひとつぐらいは拠点を築いておかないと、話にならないわけですよ。それができないわけで、困ったものです。

他に謙信の逸話として有名なのは、途中ですべて嫌になり、「俺はもう出家する。高野山へ行く」と言って家出したことでしょうね。家来たちがみんなで追いかけていって、翻意させたという話があるのですが、この逸話もどうみても政治家としてはぜんぜんダメダメですよね。政治家・謙信には、誰がどのように考えても、そうよい点数はつけられないでしょうね。

もしかすると謙信は、直江津港で儲かればそれでよかったのかもしれない。謙信が死んだとき、蔵にお金はザクザクあったというから、儲かってはいたんでしょうね。僕らの感覚とは逆で、謙信の政治はまったくダメですが、経済はよかったのかもしれない。経済的な感覚は、もしかしたら発達していたかも。これは、推測でしかありませんが。

ちなみに、謙信は非常に美意識が高くて、身につけていた鎧兜は美しいですね。ただ悪くいえば——ちょっと中2病的なところもあるんですけど、「よくこんな鎧兜を作らせたな」という感じで、兜以外の着ていたものなども非常にカラフル。

そういうところは、面白い人なんだな。

毛利元就

誰も信用しない戦国一の二枚舌

画像提供：東京大学史料編纂所所蔵模写

毛利元就プロフィール

明応６(1497)年３月14日、安芸《あき》国で国人領主・毛利弘元の次男として生まれる。幼名は松寿丸。大永３(1523)年家督を継ぎ、安芸国・郡山城主となる。家督相続問題を契機に出雲守護代・尼子氏から離脱し、中国４ヶ国の太守・大内義隆傘下に入った。その後、小早川家には三男、吉川《きっかわ》家に次男を養子に出すなど毛利家の勢力拡大を図る。義隆が家臣の陶晴賢に倒されると、天文24(1555)年厳島の戦いで陶晴賢を撃破。さらに大内義長、尼子氏を討ち破り、中国10ヶ国を支配する大大名となった。元亀２(1571)年6月14日、吉田郡山城において病死。享年75。

家来を信用しない戦国大名

毛利元就は、中国地方の国人領主から身を起こし、一代にして最大中国10ヶ国を制覇する大大名にまでのし上がった、西日本最強の武将です。

元就は非常に優秀な男で、こんな人物は他にはいないでしょう。戦国大名の軍事的な才能というのを考えたときに、毛利元就は突出していると思っています。

なぜかというと、永正13（1516）年、安芸武田氏5000に対し毛利が1000で戦った元就の初陣である「有田中井出の戦い」、天文9（1540）年に尼子が2万の兵を率いて吉田郡山城を囲んだ「吉田郡山城の攻防戦」。そして最後は天文24（1555）年の厳島の戦い。これは3つとも、絶望的な兵力差をひっくり返して勝利しました。

本来、こういう戦いはやってはいけない戦いなんですが、のちに名将と謳われるような武将は、伝説的なそういう戦いをやっているわけですね。

それが信長だったら、「桶狭間の戦い」。北条氏康は「河越夜戦」。「小よく大を制する」伝説を、ひとつぐらい持っています。だけど、3つも持っているのは元就くらいなんですね。そういう意味でいうと、元就は、戦術レベルでの軍事で非常に突出した才能を持っていたのかもしれません。

加えて彼は、ともかく本心がぜんぜんわからない。本音がどこにあるのかまったくわからない。というのは、元就が本心らしきものを書いた文書が山のように残っています。それがあるから逆に元就のド汚さが露骨にわかってしまうのです。元就にとってはよくないことなのかもしれないけど。

一番、エゲツないなと思ったのは、息子の隆元に対しての訓戒状、戒め状です。隆元というのはどちらかというと、平凡な男なわけです。その平凡な男に対して、元就はどのように訓戒状を書いているかというと、「あなたは信仰心は厚く、親孝行である。これはまことに結構なことである。だけど、あなたには足りないものがいっぱいある。なかでも、あなたは文化的なことにうつつを抜かしてはいけませんよ。お茶だ、能だと遊んでいる暇はありませんよ。あなたは、武略、調略、計略のことだけ考えていなさい。そうしないと毛利家は潰れちゃいますよ」。

武略、調略、計略と言っているわけですよね。それに対して、非常に優秀な3番目の息子の小早川隆景に対してなにを言っているかというと、「あなたは頭がよいとみんなに思われているし、あなたも自惚《うぬぼ》れているけど、それではダメですよ。そういう風に俺は優秀だって思っていると、ろくなことにはならないから。あなたはともかく、シンプルな生き方をしなさい。人が好きだってことをやりなさい。人が嫌だってことはやめなさい。人と同じようなことをしなさい」。

隆元と隆景に対して言っていることが、真逆なんです。片一方には「ともかく人の裏をかけ」と言って、それを実践している隆景に対しては「人の裏ばかりかいていると、信用できない人間だと思われますよ」と言うわけですよ。だから、どちらが大事だと思っているのか、わからないのですよ、元就は。

よくいえば、「人を見て法を説け」という言い方ができるのかもしれない。だから、相手に対して違うことを言っている。相手に合わせてものを言っているということかもしれない。だけど、それがエゲツないほど違うから、元就の本心がどこにあるのかさっぱりわからないんですね。

元就は腹の中でなにを考えているのかわからないから、嫌ですね。友達にするにも、上司にするにも、いつ自分のことを殺しに来るかわかんないわけでしょ。

毛利の3本の矢の教訓、兄弟3人力を合わせて頑張れば毛利家は安心だって話です。あれのもとになった有名な古文書があり、それが物語になって3本の矢の話になったんです。

それになにが書いてあるのか、どういう状況で書かれたかといえば、このとき毛利家は中国地方全域に勢力を伸ばしていたんです。ただ尼子とはまだ戦っていて、山陰方面の一部はまだ尼子の支配下だった。

そうした状況で、中国地方の大大名になった毛利家で、「家来など絶対信用できない」と言っているわけです。中国地方の他の国はいうまでもないけれど、毛利家の本拠である安芸国ですら「本当に毛利家のためを思っている奴なんかひとりもいないんだぞ」と書いています。

最初その文書を読んだとき、「元就スゲーな」とそれはそれは感心しましたよ。家来をぜんぜん信用してない、だから「お前たちは三人兄弟仲良くしなさい」と書いたんです。だけど、よくよく読んでみるとね、「吉川家のことは元春に存分に任せ、小早川家は隆景が支配して、それで毛利の家は長男・隆元が頑張ってね」と言っている。要するに次男、三男に「お前らは分際をわきまえろよ。兄ちゃんを立てろよ」と言っているわけです。兄弟仲良くというのは、もっと深読みすれば「あのボンクラな兄ちゃんを盛り立てていかなければダメだよ」ということなんですよ。じつはね。実際、長男がボンクラで次男、三男が優秀なわけでしょ。

元就は、長男の隆元はボンクラだと見切っている。だけど、隆元への愛情はあったみたいです。隆元だけはともかく可愛かったみたいで、次男、三男はどうでもいい。隆元が自分より先に死んじゃったときは心から落ち込んでいるんですよ。

隆元は、親父へのひけめで鬱《うつ》になってしまうほど、親父コンプレックスでした。親父は優秀なのに俺はボンクラだって。だけど隆元が死んでしまうと、商人たちが「隆元殿は、商売の相手として安心できた。元就様は商売の相手として安心できない」と言ったという話がある。元就はあまりにもド汚いので信用が築けない。優秀すぎて信用がなかった。

隆元は、ボンクラだっただけに周囲は安心できた。ボンクラだったが信用があって、毛利の家にはちゃんと役に立っていた。それが死んだあとに、わかったわけです。世間とはそういうもので、あんまり優秀な人は信用されない。

執念深さも戦国一!?

愛情という話になると、元就は愛妻家でした。不倫とかしないし、正室だった奥さんを愛していて側室を持たなかった。愛した奥さんが死んで初めて、寂しかったのか、側室を何人か入れた。晩年になって子どもを作って、体が強かったらしくて子どもがポロポロ生まれた。十男までいるんですよ。でもみんな一人残らず養子に出すんだよね。毛利家には置いてはおかない。みんな養子に出す。徹底しているんですよ。

上杉二十四将がないのと同じように、元就の家来で有名な武将はひとりもいないんです。家来をぜんぜん信用していないから。一応、毛利二十四将は、あるにはあるんだけど、誰も有名ではないでしょ。元就は家来を信用していなくて、みんな自分一人でやっています。嫌な奴なんです、本当に。

これは有名な話だけど、毛利の家来のなかで非常に大きな力を持っていた、井上一族を皆殺しにしているんです。その井上一族を皆殺しにするのに、20年から30年の時間をかけているんだな。

元就は本家の穀潰《ごくつぶ》しの次男に生まれたあと、本拠の吉田郡山城ではなく、近くの多治比猿掛城に行って暮らしていた。その城を井上元盛に奪われて追い出されてしまった。元就は井上氏についてその頃から「こんちくしょう」って思っていたんですね。ずっと「井上め、井上め。俺はずっと腹ワタが煮えくりかえっていた」と記した古文書が残っています。

それで結局、最後に井上氏みんなをブチ殺す。その執念深さといったら、ないですよね。

信長も家来に対して、「あのときお前、俺にこんなことをしただろう」と何十年もしてから言っています。けれどもあれは、もうこいつはいらないと思ったとき、なにか理由を考えなければいけない。「そういえば何十年前にヘマやってるな」と理由を探すんです。でも、元就の場合は、ずーっと「この野郎、この野郎」と腹で思っていて、最終的に「井上を殺しても問題ないな」ってときに実行に移すわけでしょ。もう、怖いですよね。

本当に執念深いし、お酒ひとつにしても、兄ちゃん（毛利興元）と親父（毛利弘元）が酒の飲み過ぎで早く死んだから「俺は酒は飲まない」と決めて、一切飲まないんですよ。だから多分「殿、今日はめでたい席だから一口だけ」と言われても絶対に飲まない。嫌な奴だったと思います。

お家乗っ取りは、現代のM&Aの先駆け

天文20（１５５１）年に、陶晴賢《すえはるかた》が大内義隆を下克上《げこくじょう》で滅ぼします。そのときは、元就と陶晴賢は仲良くしているわけですよ。でも天文24（１５５５）年に厳島合戦で陶晴賢を潰します。４年間にわたって準備するわけですよね。

多分その間も、「こいついつか倒してやる」と考えていたと思います。表面的にはニコニコしているけれど、「いつかやっつけてやる、いつかやっつけてやる」と思いながら手を打つ。それが絵空事ではなく、ひとつひとつ手を打つわけですね。実際に勝つための手を打って、それで博打《ばくち》を打って勝つ。その辺りが元就はすごいんですよ。

こういった元就の話をしたら、経営学の先生は、「それはＭ＆Ａだ」と言うんです。まず小早川家を乗っ取り、吉川家を乗っ取る。要するに息子を送り込んで乗っ取る。このＭ＆Ａが上手い奴というのは、まさにこの元就みたいな奴だって。

表面的にはニコニコ握手しているけど、腹の中ではなにを考えているかわからない。そういうのがどこにいるかというとウォール街なんです。アメリカの東海岸。西海岸のシリコンバレーとかにいる連中はこの逆で、チームなんとかとか名乗って「やるぞー。みんなで同じ夢を追いかけるぞー」と頑張ります。

これを戦国時代に置き換えると、家来に夢を見させて、家来と一緒に夢を見るということでしょう。たとえば秀吉。チーム秀吉。そういう感じでやる。言ってみれば、ベンチャー企業でどんどんのし上がっていくタイプ。これはシリコンバレー、西海岸型。

ところが毛利元就のようにＭ＆Ａで、どんどんデッカクなる。表面的にはいつもニコニコ、でも腹の中はなにを考えているのかわからない。これは東海岸型。それで、30代ぐらいですごい大金を稼いで、40代でリタイアしてマイアミのすごいプールで海パン一丁でくつろいで人生を謳歌する。そういう奴だっているんですね。元就は多分、東海岸型だよね。
だから、こういう奴は友達にも向かない。上司にも向かない。ともかく嫌な野郎です。日本人はこのM&Aがめちゃめちゃ下手なんだそうです。M&Aを成功させるには、企業買収をやるときに徹底的にリサーチしなければいけない。ところがそのリサーチが日本人は下手くそだというんですね。

実際問題、買収して、「めでたしめでたし」っていうわけではない。買収してからがたいへんで、企業を買収したあとにどれだけ利益が得られるかが問題でしょう。日本人はバブルのときに有名な企業や建物を「買いました！」とぶちあげましたが、そのあと買値より安く売っているわけです。企業買収は、買ったことで満足するわけにはいかない。そのあと、一生懸命収益を上げていかなければならない。でも日本人はその辺が下手くそ。

ところが毛利の場合は、小早川でも吉川でも、ずっと自分のものにしてしまっている。それだけ元就は、用意周到に準備を進めて、汚い手を使って小早川の人をぶっ殺し、吉川の秩序をぶち壊し、そうやってド汚い手を平気で使って自分のものにする。だから、日本人離れした人物ということがいえるのです。

日本でね、M&Aが大成功って、日本電産やソフトバンクくらいらしいですね。成功している例はそれほどない。やっぱ、下手くそなんだよね。もし元就を現代に連れて来ても、起業家として大成功するんじゃあないかな。日本人離れした力量を持っているから。

毛利家の文書を見ていると元就は、今の人間と遜色《そんしょく》ないぐらい人間性が複雑なんです。だからそういう意味でいうと興味深いいし、研究対象としては、まことに面白い人物。だけど、知り合いになっても、なるべく近寄りたくない。近くにいたら顔も見たくないぐらい嫌いになるでしょうね。そういう人なんですね。

ただ、元就は吉田郡山にずっといました。吉田郡山は広島市内から高速を飛ばして1時間半くらいかかるんですよ。そんな山の中にいます。山陽地方を押さえようとすると、広島市内に出てこなければいけない。それが元就には結局できなかった。

また、「なにを目指すのか」ってことに関しても、プランが見えない。でも、まあ無理か。元就は59歳のときに厳島の戦いですから、普通なら死んでいてもおかしくない年齢だったんですね。

よく言えばそれぐらい、じっくりチャンスを待てる人なんですね、元就は。「俺、死んでしまうかな?」というリスクを考えることなく待って、59歳でやっと厳島の戦いを起こし山陽地方を支配下に置いたということになると、元就にどんな戦略やプランがあったか考えること自体が、まあ無理なんだろうなあと思います。

元就は安芸国で30人とか40人いる国人領主のうちのひとりに過ぎない。1万石もなかったような領地しか持っていなかったところから、のし上がって120万石までいったわけだから。下克上としてはこの上なく有能な人物なんだよね。

たとえば武田信玄はなんだかんだいっても、親父を追放したときは甲斐国のトップだった。一方元就は安芸国のトップどころか30分の1から始めたわけだから、信玄と比べてもすごいよね。だから戦略的に元就はたいしたことないよねって批判はとてもできない。

権威に媚びない一族

それと元就は信長とは違う意味で現実的、合理的で冷酷だった。恩義では動かない、「恩義など犬に食わせろ」的な感覚をもっている。吉田郡山城の戦いで救援に来てくれた陶晴賢を、情け容赦なく厳島の戦いで破っている。

最晩年、月山富田《がっさんとだ》城を2年ぐらい包囲して落とすときに、逃げ出した城兵を捕まえて殺さず、月山富田城に追い返すわけです。なぜ、そんなことをするのかというと、城に人がいると食糧を食べるから早く兵糧《ひょうろう》がなくなる。「そうすれば早く降参する」からと言っているので人道なんてこれっぽっちもないです。

将軍・足利義昭が信長に追放された後、備後の鞆《とも》の浦に行って、毛利が庇護しましたよね。では、権威を大事にするのかなと思うと、ボンクラの隆元ですら「平穏なときは権威みたいなものを尊重しなければならないけど、いざとなったら、そんなものはなんの役にも立たないよ」という文書を残している。そこから推測すると権威に媚《こ》びないところは親父の元就と共通する現実的なところでしょうね。

それが、好きな人もいれば嫌いな人もいるでしょう。権威みたいなものは利用するときは利用するけど、「本心ではまったく信用しません」というのが、毛利家の本音なのです。権威を尊重したい人にとってみると、元就はきっと嫌な奴ですよ。僕は好きなんだけどね。そういうなんでもありって人。

ただ元就は天下を取るつもりもないし、「天下なんか考えちゃダメよ」と子どもたちに言うわけです。毛利家のことしか考えていない。隆景や元春に対して「お前たちは養子に出たけど、吉川だとか小早川というのは、あくまで方便なんだ。大事なのはあくまで毛利なんだ。毛利の二文字を忘れるな」と言うわけです。

あくまで自分の家にこだわるところが、毛利元就の古さかな。でも、家を大事にしない武士っていうのは、そもそもいないから。僕らからすると友達にも上司にもしたくないんだけど、当時の人々にとっては頼れる上司だったのかもしれませんね。

戦国コラム②

戦場で槍を使う理由

毛利家伝来の古文書である「毛利家文書」に、家来がしたためた文書が残されています。そのなかに面白い記述があって、そこには、「合戦でどのような傷を受けたか」ということが書かれているのです。

それは、「軍忠状」というもので、その軍忠状の中に、自分の部下が「どれだけ一生懸命戦ったか」というのを証明するために、「傷をどことどこに受けたのか」ということが事細かく書かれた記録が残っています。

「私は、これだけ傷を受けても、なお一生懸命に戦いました」と申告して軍忠状を作ってもらってるのです。

その時に、兵はどんな傷を受けているのかを見てみると、そのなかで一番多いのは「矢傷」で、その他は、槍傷や鉄砲が導入されると弾傷になります。ですが、接近戦で受けていそうな傷は、ほとんど槍傷だけでした。

つまり、刀傷はないわけです。刀で斬り合う接近戦は、やはりできないんですね。それはもちろん、敵と相対して刀で斬り合うのが恐ろしいからです。槍なら相手と距離が取れるので、恐怖心は抑えられます。「うわー」と叫びながら突撃すればいいだけで、それで相手を倒すことができます。

いくら戦いが日常だった戦国の世でも、刀は抜いても斬り合うところまでは、当時の兵も怖くてできなかったんじゃないかなと思うんです。

戦場には、そういうリアルもあるのです。

第三章　敗者の実像とホンネ

石田三成

嫌味な中間管理職

画像提供：東京大学史料編纂所所蔵模写

石田三成プロフィール

永禄３（1560）年、近江国で石田村の土豪・石田正継の次男として生まれる。幼名は三也。通称・佐吉。15～16歳頃から羽柴秀吉の近侍を務め、秀吉の天下統一に邁進する。秀吉が関白に就任すると、三成も治《じ》部少《ぶしょう》輔となり、軍事より内政や吏務に優れた才能を発揮した。堺奉行に任命されるなど、財政運営や太閤検地などに尽力し、文禄4（1595）年には近江国・佐和山で19万石を領している。慶長３（1598）年には、五奉行となる。しかし秀吉の死後、徳川家康と対立。関ヶ原の戦いで敗れ捕縛されると、慶長5（1600）年10月１日京の六条河原で斬首された。享年41。

遠方の50万石より京周辺の10万石

石田三成は、13歳で秀吉に仕えて以来、ひたすら豊臣家の発展を思い秀吉に忠誠を尽くしました。そして、徳川家康に戦いを挑み死んだのです。最近ではその生きざまに心揺さぶられる人は多いようですね。

三成は、歴史好きな女性のなかで、相変わらず絶大な人気を誇っています。その方たちに、「石田三成のどこが好きですか?」と聞くと、「豊臣秀吉一途な忠誠心みたいなものが素敵」と答えが返ってくるんです。

まあ、そういう人たちは、彼が二枚目だから好きってわけじゃないでしょうから、こんなこと言っても痛くもかゆくもないでしょう。

京都の大徳寺の三玄院に三成のお墓があって、頭蓋骨も残されているんです。じつは頭蓋骨、復顔されてます。そのため、三成がどんな顔をしていたのかがわかっているのですが、残念ながらそんなにイケメンではない。

女性ファンには申し訳ありませんが、三成は決して二枚目ではなかった。だけどそれは、僕のようにもてない男のひがみで、こんなところでぎゃあぎゃあ言うつもりはないですが、まあ三成は、「普通のおじさん」だったという話です。

話は変わりますが、僕が最近豊臣家についてまず踏まえなければいけないと考えていることは、秀吉が「自分の家臣団をどういう風に組織しようとしていたか」ということです。秀吉配下の黒田官兵衛が、豊後国（大分県）・中津に任じられ領地を与えられるわけですが——たとえば、銀座に1坪、土地をもらうっていうのと、北海道の原野に数百坪土地をもらうのと、どちらがいいかといえば、誰もが「銀座のほうがいい」と答えるはずです。ということは戦国武将においても、「どこに領地をもらうか」ということが重要で、それをやっぱり踏まえる必要があると最近すごく考えるわけです。

蒲生氏郷の有名なエピソードで、氏郷が秀吉から松阪牛で有名な伊勢松坂に12万石を与えられました。その後、会津若松に42万石、さらに伊達政宗と抗争したあとには、92万石という大きな所領を東北地方にもらいます。

その東北で大きな所領を得た頃、家臣に「たいへん、大きな領地がもらえてよかったですね」と言われ、それに対し氏郷は嬉しそうな素振りもみせないで、「いや、伊勢松坂だったら、仮に十何万石でも兵を率いて、天下の趨勢《すうせい》に絡む仕事ができた。こんな遠くに飛ばされたら、なにもできねぇ」と言い、さらに、「こんなところにたくさん領地をもらっても、がっかりだぜ」と言ったというエピソードがあります。昔の僕はこの話を聞いて、「いくらなんでも嘘だろ」と思っていました。

また、織田信長に仕えていた滝川一益には、ある古文書が残っています。一益は武田を滅ぼした甲州征伐の戦後処理で、上野国と信濃国の小県郡と佐久郡が与えられました。両方合わせると60万石くらいになるのでしょうか、もう立派な大大名になるんですね。

ところが一益は、「茶の湯の冥加《みょうが》も尽き果てた」と言っています。要するに、「こんな田舎にいたら、大好きな茶の湯もできやしない」と嘆いたというわけですよ。ただ、この古文書が、一益の本心を書いているのかどうかは不明で、表向きはそう言っていますが、本心はニコニコしていたのではないかという理解も当然できます。

昔の僕だったら、こういう古文書を見たときには、「まあ、これは表向きのことで、内心は喜んでいるんだろうな」と思ったのですが、どうも最近は、〝領地の遠い近い〟は、当時の大名たちにとって「大きな意味を持っていたのではないか」と思い直しています。

なぜならその当時、秀吉の時代、あるいは少し前の信長の時代でもいいのですが、当時は京、大坂、堺、まあ今の京都府と大阪府が日本の中心だったわけですね。

やはり、その近隣に領地をもらえるのは、大名にとっては嬉しいことでした。まだ江戸時代の参勤交代はないですが、それにしてもやはり、京の近くがいいという感覚——これは現代人と同じで、「住むなら、東京近郊に住みたい」という感覚です。僕なんかあの、どっちかっていうと地方でゆっくり暮らしたいなぁと思うんですけど、それはまあいいか。

ただ、「地方に大きな領地をもらった大名が、不満を漏らしていた」と言うと、「嘘でしょ〜」と思う人が結構多いわけです。でも、飛行機も新幹線も、高速道路もない時代、京から〝遠い近い〟は、現代以上に考慮しないといけない気がします。

石高が多くても地方なら左遷

そういうことを考えたうえで、秀吉が誰にどんな領地を与えたかという話に戻します。先ほども言いましたが、官兵衛は豊前、中津に12万石です。この中津の12万石を検地してみたら、どうも17万石くらいはあったそうですが、まあそれでも中津で17万石だと、確実に〝左遷〟なんです。

「なんで殿（秀吉）は、官兵衛にあれだけしか与えなかったんですか」という話になったとき、歴史物語だと、「あいつに百万石でも与えてみろ、すぐに天下を獲るから」と言ったことになっているわけです。

ただそういう話は後世に創られた物語で、官兵衛がとても100万石ももらえるわけはないので、中津で17万石だと、「まぁそんなもんかな」とも思うけど、「ちょっと待てよ」と。「中津っていうのは、どうだったんだろう」と。領地が九州となると、う〜んそれは「やっぱり左遷なのかなぁ」という気にもなるわけです。

ここで考えないといけないのが三成なのです。三成は近江・佐和山で19万石もらっていました。これがやはり僕はひっかかります。

そこで秀吉の家臣団、秀吉にとっての〝譜代大名〟、〝外様《とざま》大名〟ということを考える必要があるのです。この譜代大名、外様大名という言葉は徳川幕府になってからの話で、秀吉政権のなかではそういう区別はないのですが、でもやはり秀吉にとっての譜代大名と外様大名といえる存在があるわけです。

古くから秀吉の家来だった官兵衛はおそらく譜代大名になるんでしょう。三成は完全に譜代大名。加藤清正や福島正則なども秀吉子飼いなので譜代大名だということになる。

そして、徳川家康や上杉景勝、毛利輝元などは、秀吉にとっての外様大名なのです。だから、彼らの領地が〝デカい〟というのは——江戸幕府でも外様大名は領地たくさんもらいますが、「そのかわり遠くだよ」という話になり、また、「政治には関わらせないよ」ということです。江戸幕府の政治には、外様大名は関われないのですよ。

まあ、それと同じような話で、やはり秀吉政権は、〝譜代大名が動かしていた〟ということから、譜代大名に〝政治的な権限があった〟と言えます。

それからよく言われることで「五大老」「五奉行」という言い方を秀吉が晩年にしますが、あれは「大老が上で、奉行が下だ」と思っていると、とんでもない話なのです。

五奉行の三成たちは関ヶ原の戦いのときに、「我々こそが豊臣政権の老衆《おとな》である」という言い方をしているわけですね。古文書を読んでみるとそういう風に出てくる。

つまり、奉行のほうこそが「老衆」で、さらに〝奉行こそが豊臣政権の舵取りだ〟という意識を彼らは持っていたのです。

まあ言ってみれば五大老は外様の、まあ今の企業でいえば社外重役で、ヨソから呼んで来て、「名前だけの重役やってもらっています」みたいな、生え抜きではありませんよ、みたいな。そういう意識なんですね。

そう考えると、やはり秀吉が重く用いた人は、秀吉にとっての譜代大名、子飼いの大名なのです。そのなかで20万石くらいの領地を持っている人って誰がいるかというと、増田《ました》長盛《ながもり》。長盛は大和郡山で20万石ですね。それから三成の近江佐和山19万石。このふたりが双璧なのです。

その他の政治に関わる奉行衆では、近江水口の、長束正家6万石。前田玄以が丹波亀山5万石。ここの場所はいいとこですね。場所はいいところですが、石高でいうと5万石ほど。あと浅野長政は、甲斐甲府に22万石。22万石ももらえますが甲斐国ですから、やはり遠いです。

そう考えると秀吉は、やはり三成や長盛を〝一番重く用いていた〟〝信頼していた〟ということになるのでしょう。だからやはり、石田三成の豊臣政権で果たしていた役割というのは、非常に重い。

ただ秀吉は、前述したとおり案外ケチなんです。要するに、外様大名には結構奮発するのですが、子飼いの譜代大名には、けっこう秀吉もケチで、多くの領地を与えない。

戦闘力より〝実務力〟が評価される

具体的な例として、秀吉子飼いの大名に脇坂安治がいます。加藤清正などと同じく賤ヶ岳の七本槍のひとりですね。その安治に秀吉が送った書状33通が、2016年に復元、公開されました。

この書状の中で秀吉が安治に指示を出しています。その内容により、当時秀吉が家来になにを求めていたかということがわかったのです。

この書状が書かれたのは、天正12（1584）年。小牧・長久手の戦いの一環として行なわれた伊賀攻めにおいて、安治が手柄を立てたあとのことです。

この功により安治は1年間、伊賀国を統治していました。伊賀の大名ではなく代官をやったのです。伊賀国は平安時代の昔から木の産地で、そのため秀吉は安治に対し、「材木を切れ」、そして「早く京へ送れ」「とにかく早くしろ」と、何度も何度も指示を出しているわけです。

僕らは戦国武将といえば〝槍を振り回してなんぼ〟という具合に、なにか軍事的に〝手柄を立てる〟〝兜首取ってくる〟というイメージがあるのですが、そういう話ではないようです。

むしろ、きちんと事務仕事、机の上での作業ができないと、秀吉は評価しない。でも安治は、現在の評価でも槍ぶん回してなんぼっていう人材なんです。

安治自身も、「戦に参加させてください。私はちょっとこういう仕事が苦手です」と秀吉に泣きつくのですが、「なんのためにお前を、伊賀に、置いていると思っているんだ。だから、戦をしたいなんて言わないで、ちゃんと仕事を覚えろ」と怒っているわけです。

そこで仕方がなく安治が一生懸命、木を切って京へ運搬すると、「じゃあお前も1万石の大名にしてやろう」となり、それから2万石、3万石と加増されていくのです。ただどうも安治は、秀吉のおめがねに適ったとは言い切れないようで、最終的に5万石くらいで止まってしまいます。

ちなみに、1万石から大名とされるのはあくまでも江戸時代の話で、厳密には秀吉の時代には1万石から大名とする決まりはないので、「1万石の大名」というのは、あくまでもわかりやすくするためのたとえです。でも1万石もらえるのは並大抵の努力ではなく、それだけでも立派な武将といえるでしょう。

さらに子飼いの加藤清正ですが、清正といえば〝虎退治〟や、〝朝鮮出兵〟といった武闘派のイメージがあると思います。

軍事的に、賤ヶ岳の七本槍として名を馳《は》せ、「とても大きな働きをした人」と、普通は思われがちです。ただ清正は、賤ヶ岳の七本槍に数えられた頃には、槍をぶん回して活躍していましたが、その後はあまり実戦に出てないってことが、最近の研究でわかってきました。

むしろ清正も、槍働きより実務屋としての働きが秀吉に認められたようです。

まあ清正の場合、秀吉と多少の血縁関係があるといわれているので、武士の出世の基準にするのは難しいのですが、安治とは違い仕事のできる奴だという評価はされたらしくて、肥後《ひご》国の半国をポンともらう。これはまあ石高にすると20万石くらいあるわけです。検地し直して25万石でしょうが。

同じ九州で、肥後は豊後《ぶんご》より京から遠方ですが、それでも官兵衛の17万石を抜いてしまう。

官兵衛も、永く秀吉に仕え手柄も立てていますが、清正に簡単に抜かれてしまうのです。

このとき秀吉は、清正のなにを評価したのかというと、合戦屋としての清正ではなくて、実務官・清正を評価したのです。

また同じ意味で、仕事のできる奴としてすぐに名があがるのが藤堂高虎ですね。高虎は後に、家康がとにかく気に入って、最終的には伊勢伊賀32万石という大きな領地をもらっています。外様大名のナンバーワンは高虎で、徳川家の戦いがあったときの外様の代表は高虎。譜代代表は井伊直政。直政とともに、「先鋒を務めろ」と言われるぐらい、高虎は家康に気に入られるのです。

この高虎は秀吉の弟の羽柴秀長、後の豊臣秀長に仕えていましたが、秀長が亡くなったあと、出家していました。秀吉は、高虎の才能を惜しみ、「じゃあ俺に仕えろ」と、家来にするわけですが、だけど一度に領地たくさんくれないわけですね。ちょこちょこ増やしてくれる。関ヶ原の戦いまでに、伊予国（愛媛県）で7万石くらいかな。だからそういう意味で、非常に秀吉はケチというか、堅実。与える石高は非常に堅実であるのです。

高虎の場合は実務仕事もできるし、築城が上手い。ただ築城といっても、美的センスのある城を造るというより、むしろ土木工事ですね。家康と同じ、町を造る土木工事が得意だった。まあ秀吉の家来は、子飼いの譜代大名は石高10万石ぐらいもらえればいいほうで、そのかわり例外もありますが領地は中央付近に与えられるのが、エリートなんです。

では彼らはなにをして認められるかというとそれが〝実務仕事〟で、軍事的なことではない。どうも秀吉は、あるところからそういう実務仕事のほうを重視して家来を編成するようになるんです。そうなるとまさに三成の真骨頂で、実務官としての働きがみられ、「頭は確かに切れたんだろうな」ということは認めざるを得ないのです。だから、豊臣政権のなかで、三成は中心的な役割を果たしていたんだろうということが考えられます。

仲間から孤立した三成

ところがやはり三成にとって難しかったのが朝鮮の役で、朝鮮出兵のあと、三成は豊臣政権内部で、とにかく嫌われるわけですね。

まあ実際に軍を率いて、朝鮮に渡った武将から総スカンくらう。これをどう捉えるかが一番の問題になるわけです。

本当に三成が嫌われたのか？　あるいは三成はとばっちりを受けただけで、「よくも俺たちをこんなめにあわせやがったな」と嫌われたのは秀吉ではないのか？　その判断が今のところ、僕にはよくわからない。

どちらで捉えるべきなのかは判断できない。だけど、それにしても、「三成は嫌われずぎだろう」となる。「いくらなんでも、弁護できない。ともかくみんな、お前のこと嫌いだよね」という話になってしまうのです。

五奉行のなかで、関ヶ原の戦いで西軍の中核にいた増田長盛、前田玄以《まえだげんい》ですらも、じつは家康とツーカーでした。長盛、玄以は一生懸命、西軍の様子をスパイして、家康に逐次報告したのです。それだけ五奉行の仲間にも、三成は嫌われていた。

さすがに長盛は、戦後に領地を没収されるのですが、玄以は本領安堵されています。

三成は嫌われているというより、誰も一緒にやろうとは思わなかったようです。まあ、〝職場でボッチ〟という感じなんでしょうね。

三成はおそらく、「俺は、秀吉様にお仕えしているのだから、皆に嫌われても秀吉様に忠誠を尽くしたんだ」と言い、その点を評価する方が今でも多いのはわかるのですが、だけどやっぱり自分の職場として考えてみてください。

仲間から孤立した社員が、「社長がこうだっていって、それで社長の言うとおりに頑張ってやっただけ」と言いわけしても、それはやはりコミュニケーション能力が足りないのではないか、という気がしないでもないですよね。

で、やはり〝皆に嫌われる〟ということは、そこにはなにかしらの問題があるかなという気が、僕はどうしてもしてしまいます。

島津に嫌われた理由

また、三成の場合はどうも、人を怒らせるのが上手いわけですよ。

その事例として、島津の扱いです。

島津と石田の関係は秀吉の九州攻めに端を発し、島津が豊臣政権の軍門に下ったあと、三成が島津領内で検地の取り次ぎを任されたところにさかのぼります。

島津領に三成の家来が派遣され、検地を行なったのですが、受け入れる側の島津は検地をされたくない。それは当然、領地のことがすべて豊臣政権にばれることを嫌ったからです。

このとき、三成の家来がもう少し上手くやればよかったのですが、非常に高圧的な態度で、「俺は豊臣秀吉様の命令を受けて検地をしている」とか、「石田三成様の命令を受けて俺はここに来たんだ」といったような、要するに〝虎の威を借る、狐の威をさらに借る、なんとか〟になったといいます。

だから、島津にすごく嫌われるわけです。この辺の話は、今でもありそうで、それこそ大企業の〝下請けいじめ〟みたいな話と根っこは同じでしょう。

企業話にたとえると「俺、大企業から出向して来てんだけど」と、まあその大企業の社長（秀吉）自身が、下請けに行なうことはまずないでしょうが、大企業の部長（三成）の、さらに下の部下――若輩者が中小企業に出向して大企業の肩書をひけらかして威張ると、それは今でも嫌われるわけです。

だからそこは三成が家来を教育して「お前、デカい顔するんじゃないぞ」、加えて「ちゃんと島津さんのメンツが立つようにしろよ」とキツく言っておくべきですが、どうもそれを行なっていない。

三成が島津に嫌われ続けた根本が、どうもここにあるような気がします。

そしてまた、凝りもせず同じことを朝鮮に出兵した連中にするのです。

三成の家来が朝鮮へ赴いて「秀吉様はこう言っている」って、「三成様がこう言ってる」という風に。

だから、「おいふざけんなよ！」「現場の苦労を、少しはわかれよ!!」となる。

三成は都の近くに領地をもらい、秀吉の側にいて自分は楽しい生活している。

「朝鮮で俺たちは苦労したんだ、まったくやってらんねえぞ、でもあいつはなにやってんだよ、ホントになに考えてんだよ！」となり、そうなると三成自身がどういう人かはぶっ飛んで、もう今の確執がある以上、「三成と一緒の仕事は嫌だ」とまでエスカレートしてしまう。

だから、朝鮮でも怒られたはずで、「なんだよこのやろう、絶対にぶっ殺してやるからな！」っていうようなことがあったのでしょう。

三成が、どんなに秀吉に忠誠を尽くしても、こういったことが結局豊臣政権の首をしめることになってしまったのです。

そのため、関ヶ原の戦いで、秀吉恩顧の大名、つまり秀吉にとっての譜代大名が、みな家康についてしまったのではないでしょうか。

幕末の戊辰《ぼしん》戦争でも、徳川の譜代大名が官軍についたわけですが、そのときは官軍が〝錦の御旗〟をでっち上げ、官軍の側でも味方につきやすいようにいろいろ工夫したわけです。

それと同じことが関ヶ原の戦いでも起こったわけですが、家康は特段〝錦の御旗〟を立てていないのに、豊臣の譜代大名が家康についてしまった。これはおかしいんですよ。よっぽど変な話なのです。

すると豊臣恩顧の大名が、どうして皆、「家康の味方になったの？」ということになるわけですね。前述したように豊臣政権の舵取りは五奉行で、五大老と五奉行は職制上、五大老が上で五奉行が下という〝上司と部下の関係〟ではありません。言ってみれば五大老の仕事は最後にハンコを押すだけで、家康があれだけデカイ顔できたっていうことのほうが、むしろ不思議な感じがします。

そうなるとやはり、秀吉が朝鮮出兵で大失敗したのが大きいかなと思うしかないわけですが、それとともに豊臣政権の構造上の問題、さらに〝三成に求心力がなかった〟という事実は、認めざるを得ないのでしょう。

それこそがまさに、豊臣恩顧、豊臣の譜代大名が、「軒並み徳川へ走った」ことから考えても、三成がいかにダメだったかってことが、よくわかるでしょう。

ただ、三成は領国では慕われた殿様だったらしく豊臣家の政権運営には官僚として能力を発揮した。確かに、有能だったことは間違いないのです。

官僚としては有能だったけど、政治家ではなかったのでしょう。政治家としては、失格でした。

ただし、総理大臣までやった政治家のなかには官僚出身の人もずいぶんいるわけで、たとえば福田赳夫《たけお》や大平正芳は、官僚として政権を支えたあとに、政治家に転身して成功を収めたわけです。そういう成功例もあります。そういう意味では、三成には政治家としての能力がなかったというよりは、〝人間性〟がなかったんでしょうね。

もうひとつ三成には、軍事的な才能もなかった。ただ、そこは頭のいい人だったので、自分に戦に関しての才能はないことをよくわかっていて、家来に島左近など戦ができる奴を集めていました。だから関ヶ原の戦いでは、西軍のなかで石田隊は一番奮戦しており、実力以上に頑張っています。

ところが、何だかんだ言っても三成には19万石しかないのだから、三成が合戦前にやるべきことは戦に強い武将を集めることではなく〝より多くの味方を募る〟ことで、それはまったく上手くできなかった。

三成の遺族に寛容だった江戸幕府

最後に、家康にたてついたため、三成は江戸時代に「悪役にされただけだ」という意見について考えてみましょう。そのように捏造《ねつぞう》されたのか、されていないのかは別にして、意外にも江戸幕府は割合、石田家には寛容なのです。

三成は関ヶ原の戦い後に戦場を離脱すると、探索を行なった田中吉政に捕縛され、大坂や堺を引き回されたあげく、京の六条河原で斬首されています。

これまでの慣例からすると当然、三成の長男・重家も首を切られるか、切腹させられてもおかしくないはずです。謀反人の血を引く子どもなのですから。しかしなぜか、長男は京の妙心寺で出家して許されました。

また、次男・重成も津軽家の庇護を受け陸奥国で生き延びています。

さらにいえば石田三成の血が入った女性がいるのですが、この娘が三成のひ孫で通称・お振《ふり》の方といい、なんと徳川家光の側室になるのです。

そして、このお振の方が、家光の第一子となる千代姫を生んでいます。

もしこの子が男だったら、四代将軍はその子だったわけで、そうなると、三成の血を引く将軍が生まれた可能性もあったのです。

この一件をみただけでも、江戸幕府が三成を毛嫌いして貶《おとし》めるために「悪役にした」というのは違うような気がします。

三成自身は、戦いに敗れて殺されたわけですが、三成の子どもたちまで根絶やしにしようということは、幕府はぜんぜん考えてなかったのです。

民衆はそのことをよく知っていて、結局悪役になるのは家康のほうで、タヌキおやじ呼ばわりされます。庶民にすれば徳川家のほうが自分たちの生活をおびやかす敵なわけなんです。庶民が三成を悪く言う必要はありません。

関ヶ原の戦いの前には、清正や正則が三成を殺そうとした襲撃事件が起きているわけですが、三成はやはり相当嫌われていたのでしょう。

だから三成は、やはり反省しないといけない点がいっぱいあるわけで、人間性において、〝非常に問題のある人〟だったのではないのかなと僕などは思ってしまいます。

明智光秀

謎多き男の〝思いつき〟

画像提供：東京大学史料編纂所所蔵模写

明智光秀プロフィール

明智光秀の生誕に関しては不明な点が多く、出生日も享禄元（1528）年、土岐氏の支流明智氏に生まれた（明智軍記）とされる以外にも異説がある。光秀は越前の朝倉義景に仕え、将軍・足利義昭が朝倉氏に庇護されたとき出仕。後に織田信長の家臣となり、義昭の上洛に尽力し、義昭や寺社、公家との交渉役を務めた。その後、信長の合戦に参加。元亀２（1571）年には、近江国・坂本城主となり、惟任の姓と日向守《ひゅうがのかみ》を与えられる。また丹波国攻略などに功を立て、亀山城主となる。天正10（1582）年、本能寺の変で信長討伐後、山崎の戦いに敗れ敗走。逃走中殺害された。享年55。

織田家臣団の出世頭

明智光秀は、本能寺の変で織田信長に弓を引いたため、悪役扱いされてしまうことが多いですが、文句のつけるところの少ない武将です。ただ不思議なことに、光秀に関してはいまだ、その正体がよくわからないんですよ。

美濃国に明智城があり、城代の明智光安が守備していましたが、弘治2（1556）年に斎藤義龍《よしたつ》に侵略される。その際、「お前たちは逃げろ」と言って光秀たちを逃がしたという話は、司馬遼太郎の物語です。

また、光秀と濃姫がいとこ同士だったというのは、歴史ドラマの鉄板ですが、歴史的には「どうもよくわからない」というのが実情なのです。斎藤道三の正室が明智家の娘・小見の方で、光秀とはいとこ同士というのも、さてどうなのでしょう。

だから歴史的に明智光秀が「なにをしていたのか」「誰に仕えていたのか」、その辺りでさえも、正直よくわからないのです。

光秀は、鉄砲の扱いが上手かったと伝わっていますが、光秀が仕えていた朝倉家では、それほど重用されていたわけでもなさそうですし、そういう意味でも、光秀の前半生は謎に包まれているわけですね。

その後信長に仕え、あれよあれよという間に頭角を現わしていきます。

信長に仕えるようになった光秀が、まず最初に登場するのが、元亀2（1571）年の比叡山攻めで、信長の残忍さを証明する史実として批判されることが多い戦いです。

光秀については、「ともかく光秀は教養人で、突っ走りがちな信長を諫《いさ》めた」という物語があります。そして、この比叡山攻めでも光秀は、「比叡山がいかに大切なものか」ということを信長に対して説いたというのですが、これはどうもまったくの嘘のようです。

じつは、比叡山攻めで一番功績があったのがなにを隠そう光秀で、だから光秀は信長を諫めたどころか、逆にノリノリで比叡山攻めを行なっています。その結果、信長から比叡山一帯の領有が認められ、秀吉よりも早い段階で光秀は信長から大名として取り立てられるのです。

そして、光秀の本拠地の坂本城は比叡山の麓に築城され、比叡山攻めに対して一番功績があったのが光秀だったことの証明となるのです。その後も光秀は、織田軍の一員として、さまざまな戦に参加しながら功績をあげていきます。

よく知られるものとして、「織田軍は方面軍を創設した」との説があります。たとえば、柴田勝家は北陸方面軍、羽柴秀吉は中国方面軍だったというものです。

ただこの方面軍というのも、織田家のなかでどこまできちんと確立していたのかというと、その研究はまったく進んでいないのが実情です。さらにいえば、「奪った領地は、切り取り次第にした」というのも、よくわかっていないのです。

北陸を勝家に任せ、北陸の領地が織田家のものになったら、「あとは勝家が勝手に自分の裁量で」という話には、多分ならないと思うんですね。

実際、戦いのあとで、「前田利家は能登の国ね」とか、「佐々成政は越中半分ね」とかいう風に、領地は信長が与えています。本来、切り取り次第とは、「取れば取っただけ、お前のものだ」という形ですから、切り取り次第ではなかったのでしょう。

軍事作戦に関しても、信長の統制のもと、「北陸地方を攻め取れ」という指令は出ていました。だから秀吉には、「中国方面を攻めろ」、滝川一益には「上野国に入って、北条と戦え」というようなことが命令されているのです。

そして畿内の本願寺攻めは、佐久間信盛が担当していました。

しかし、天正8(1580)年にその信盛が信長から「お前は無能だから」と高野山に追放されてしまう。その跡を継ぎ畿内周辺の管轄を任されたのが光秀だったらしい。ただそれはキッチリした形ではなく、表現としては不適切かもしれませんが、ニュアンスとしては〝ゆるやか〟に管轄したようですね。このときに、光秀に信長がつけた部下（家来ではない）に、細川幽斎や筒井順慶がいます。

光秀は、京から近い比叡山の麓に坂本城を持ち、丹波国を攻め落としてほぼ領有していたわけです。丹波国での城は亀山に築城されました。

丹波国は、室町時代から京に近い非常に重要な拠点のひとつだったわけで、光秀にその地の領有を認めたということは、織田家のなかでいい位置につけていたということになりますね。この当時の光秀は、本当に前途洋々だったわけです。

本能寺の変の黒幕は？

信長との関係では、武田家との戦いで功労のあった徳川家康の饗応役を命じられながら、不手際で突然解任された話（『川角《かわすみ》太閤記』）が伝わっています。その際に、信長が光秀に対して、足蹴《あしげ》にするなどの辱《はずかし》めを与えたかどうかは、じつはよくわからない。この話の出処の、『川角太閤記』は歴史史料としては二流で、良質な史料ではないのです。

また、〝猿〟という秀吉のあだ名も、古文書の上では〝禿ネズミ〟ですし、信長が呼んだとされる光秀のあだ名「きんかん頭」は、古文書には出てきません。だからどこまで、光秀が信長に苛《いじ》められていたかについては、「よくわからない」としか言いようがありません。

さらに、光秀についての宣教師のレポートからすると、「非常に冷静な人間で、客観的な行動ができる」とあるのです。それから、「陰謀を好む」と。

まあ、このような人であると言われているので、信長とは結構馬が合っていたのではないでしょうか。もちろん、同族嫌悪という場合もありますから、上手くいくとは限りません。ただ、「自分の感覚で、人を判断する」信長のことですから、光秀のことを高く評価したんじゃないかなと僕は見ています。

最初にも言いましたが、光秀には教養人というイメージがありますが、その教養はどの程度なのかわかりません。光秀は前半生になにをしていたのか、正直まだわからないわけですから。

確かに、茶道に造詣《ぞうけい》が深かったことは間違いないのです。ですが茶道は、まさに新興の文化ですから、判断しづらい点があります。

また、古典に関しても造詣が深かったという話も、伝わっていないのです。そうなると、教養が高かったかどうかも、まったくわからない。

ただ、光秀の競争相手となる秀吉とは、織田家のなかで一、二を争う出世頭であることは間違いありません。だとすると、そこまで順調に出世をしながら、光秀はなぜ本能寺の変を起こしたのかという話になるのです。

光秀の教養に関連して、朝廷が本能寺の変の黒幕という「朝廷黒幕説」があります。

つまり、信長を恐れる朝廷が、織田家のなかで一番の教養人である光秀に密かに命令を下したなどという話ですが、この説は光秀に教養があったというのが根拠となっています。

ですが、先ほども言いましたとおり、そんなに教養があったという根拠はなく、本当の話とは言いがたい。だから、朝廷黒幕説は〝嘘〟と言い切って差し支えないのです。

さらに、光秀がもし本当に朝廷から指令を受けて、信長を討っていたとしたら、「私は、朝廷（天皇）からの命を受けて、信長を討ったのです」ということを、声高にアピールしているはずです。しかしそのような声明はまったく発していません。ということで、この説は消えるでしょう。

またそれに類似して、「足利将軍家黒幕説」もあります。

要するに、足利義昭が越前国の朝倉義景のもとで庇護されていたときに、光秀が仕えていたという話が根拠にあるわけですが、その話も史実としての確証がなく、どこまで本当かはよくわからないのです。

ある研究によると、「光秀は室町幕府に仕えていた」「そんなにたいして重い役職じゃなく、わりと軽い役職を持っていたのが光秀なんだ」という研究がありますが、「だからなんなの？」という話になってしまいます。

この当時、主人を替えることはよくあることで、光秀と義昭が懇意にしていたとしても、光秀が晩年まで忠節を尽くすという意志はなかったと思われるのです。

また、この説が正しいとしたら、朝廷黒幕説と同じで信長を討ったあとに、「私は将軍の命を受けてやりました」と宣言するでしょうが、そんなことは一切語っておらず、やはりこの説も違うだろうと思われます。

このまま本能寺の変にまつわる黒幕説を検証すると、「徳川家康黒幕説」もありますね。家康と手を組んだ光秀が信長を倒し、のちに天海僧正となって江戸の町と日光東照宮を造ったというものです。

その家康説のバックボーンのひとつになっているのが、江戸幕府3代将軍・家光の乳母だった春日局《かすがのつぼね》の存在です。本名は〝福〟といい、光秀の重臣・斎藤利三の娘なのです。「なぜ逆臣の娘を次期将軍の乳母にしたのか？」という、小説の題材としてあまりにも有名な話で、「家康と光秀が共謀していたから」というのがその答えです。ただそうすると、どうしてもわからないのが、山崎の戦いのあとで利三が京の六条河原で斬首されていることです。このとき、利三が斬首されていないのなら、この説も信憑性《しんぴょう》が増しますが、家来を犠牲にしてまで謀反を起こすのかなというのが素朴な疑問です。

あっ、でも、利三を捕縛して斬首させたのは家康ではなく、秀吉ですよね。そうなると、この説は簡単には否定しづらいかもしれません。よくわからない。

それから「秀吉黒幕説」では、「中国大返しは始めから各所に色々な輸送手段を用意してあったから、あんなに早く返ってこられたんだ」という話が根拠だというのですが、秀吉は賤ヶ岳の戦いでも同じことやっています。

賤ヶ岳では50キロを5時間で、秀吉は駆け抜けているのです。それを考えると、中国大返しも不可能ではない。

中国大返しは、10日で200キロ。1日20キロですよね。でも実際には7日で200キロだから、1日30キロくらい移動させているんですよ。だけど、秀吉は、5時間で50キロ、

1時間に10キロの移動もさせているわけです。賤ヶ岳での大返しを、中国での経験を踏まえた上で行なったとすれば、中国大返しもできなくはないのかな。

あの時期の秀吉には、このような用兵術が可能だったのです。早く兵を動かすという用兵術はとにかく難しいのですが、秀吉が黒幕というのは違うと僕は思います。

本能寺の変の主犯が秀吉だとすれば、なにか史料が残っていそうですね。その後の、天王山の戦いのときに、「このサル、よくも裏切ったな」みたいな史料が。それらをみな秀吉が焼いて捨てたとしても、どこかに、なにか残りそうです。

そして今盛んに注目されているのが、「四国説」です。

信長から、「四国の長宗我部元親《ちょうそかべもとちか》をなんとかしろ」と命令を受けた光秀が、どのような形で元親と織田家の付き合い方を交渉していたかといえば、土佐国は長宗我部に〝安堵〟する、あと阿波国の一部も〝安堵〟する。「それ以外は織田に差し出して織田の家来になれ」というものでした。

しかし、光秀が苦労してまとめたこの案も、信長の鶴の一声で一瞬のうちに「ダメ」と白紙撤回され、「長宗我部は打ち滅ぼす」ということになってしまった。そのため、面目を潰された光秀が、信長を討ったというものです。

この四国説がどこまで正しいかわかりませんが、昨日までの政策が明日になったらコロっと変わってしまうのでは、光秀のそれまでの苦労は水の泡になってしまう。

確かに、こういうことの積み重ねが、本能寺の変につながったということは、ありうるわけです。

信長に仕えるストレス

本能寺の変は、ともかく光秀が自発的に行なったと考えるのが一番自然だろうと思います。だから、光秀が誰かの命を受けて謀反を起こしたというのは、まず違うのではということになります。

それから、光秀は面子を潰されたくらいで、謀反を起こすでしょうか？

永く信長に仕えてきて、信長政権で一、二を争うところまで出世したわけです。ここで謀反を起こせば、長い間、信長のわがままに耐え出世してきた意味がなくなるのです。

たとえ光秀の手際が悪く、家康の饗応役を解任されたからといって、「お前の城を寄こせ」

と言われて今まで積んできた功績まで奪い取られることはないでしょうから、この説は賛成しかねます。

そうなるとやはり一番考えられるのが、そんなに複雑なことではなく、「信長を殺せるチャンスが来たから謀反を起こした」ということになります。

信長のページでも触れましたが、朝倉義景を攻撃していた信長を、浅井長政が後ろから攻撃（金ヶ崎の退き口）したわけですね。あれと似ているのかなって僕は思うわけです。

長政の目の前で、信長が完全に背中をがらあきにして、朝倉を攻めている。長政は「今、信長を攻撃したら、討ち取れるのではないか」という、戦国大名としての本性、あるいは誘惑に負けてしまった。

あと、単純に信長が光秀に対して隙を見せてしまったということもあります。光秀が本能寺に攻め込めば、信長を殺せる状況にさせたということは、単なる油断ですよね。信長にしてみれば大きなヘマなんです。

つまり光秀も、「今なら信長を討てる」と思い、「なんだか思わず行動を起こしてしまった」というのが本音で、光秀の謀反は計画的なものでは決してなく、「ちょっとやっちゃいました、テヘペロ」みたいな、そういう感じで行動を起こしたのではないかと僕は思っていたりします。

本能寺の変のときの年齢は、光秀が55歳（『明智軍記』）で、信長は49歳なので5つ6つ年上なんです。そういうことを考えると、当時は人生50年。もしかするとバクチに出たのかもしれません。もう、生きるだけ生きたという感覚があり、それでバクチに出た可能性もなくはない。でも僕は、そんなに難しく考えるのではなく、「天下を獲りたい」「信長を殺せば天下人になれる」という風に考えたのかなって、思っているんです。

常に光秀の頭のなかには、突然追放されてしまった佐久間信盛や林秀貞のことがあり、いつ自分が信盛や秀貞になるかもしれないという恐怖があったと思います。信長が、「突然自分をいらない、不要だ」といって切り捨てるかもしれない。天下統一が終わってしまったら、「織田家の政権作りからは遠ざけられるかもしれない」との危機感から、立ち上がった。

信長が、光秀によって裏切られたのは、「実力主義の破綻」。光秀にすれば、目標を掲げられて常にケツを叩かれた状態のストレスに耐えられなかったのかもしれない。

でもそれは、秀吉にも同じことがいえるわけで、もしかすると秀吉が先に謀反を起こしていたら、光秀が天下を取ったかもしれませんね。

本能寺の変を起こしてしまった光秀ですが、どのような考察をしても、その計算は甘く、「主人を殺した」「主人を裏切った」ものには、誰もついてこないということを理解していなかったのでしょう。

本能寺の変の急を聞いた信長の家臣が、「信長が死んでよかった」と思ったのなら別ですが、誰もみな「信長が死んでよかった」「光秀は英雄だ」と思わなかったわけで、そこの計算の甘さは大きかったのです。

光秀の直属の部下である、順慶も日和見《ひよりみ》に走るし、藤孝（幽斎）も、味方をしてくれなかった。そうなると、やはり読みの甘さや、読み間違いが光秀にはあったということです。

信長を倒すことは、みなに褒められた仕事ではなかったのです。

さらにいえば、本能寺の変を起こすにあたり、光秀は綿密に計画を立てていたわけではなさそうなんです。たとえば、本能寺とは別に信長の嫡男・信忠が二条城に立て籠もって討ち死にするわけですが、あのとき逃げようと思えば信忠は逃げられたんです。

実際に、信長の弟の織田有楽斎《うらくさい》は二条城にいましたが、上手く逃げおおせています。だとすると、信忠も有楽斎と一緒に逃げ出すことは可能でしょう。だから、もしかすると光秀の頭の中には信長を倒すことしかなかったと推測されるわけです。

もう光秀は、打倒信長でいっぱいいっぱいだったのかもしれません。だから、「光秀が計画的に信長を討った」ということに関しても、僕は疑問を感じます。

そういう意味では、まったく根回しなしで戦いを始めてしまい　だから負けるべくして秀吉に負けたんです。

たとえば、光秀にどんな老後があったのかを考えてみると、あの時点まで頑張って、信長に重用されてきたわけです。信長にしてみても、まさか光秀が裏切るとは思ってなく、万が一、「光秀は怪しいぞ」と考えていたのなら、もっと大軍を率いて本能寺に入っていたでしょう。

なので、信長にしてみても絶大な信頼を寄せていた光秀に裏切られたわけですよ。だから光秀は、別にあそこで信長を討たなくても、ある程度幸せな老後は送れたはずです。たとえ鹿児島あたりに左遷されたとしても――まあ、九州の南で100万石か、あるいは東北地方に100万石か、確実に地方に飛ばされたでしょうが、それはそれでよかったのではないかな。いや、それでは嫌だったんでしょうか。その辺りのあきらめの悪さが、光秀にはあったのかもしれないです。

光秀の見境のなさが命取りといえば命取りだし、欠点と言えば欠点でしょうか。別になんのスキームもなく、なんの勝算もなくて「やっちゃった！」という、その出たとこ勝負は、非常にまずかったんじゃないのかなと僕は思うのですが。

信長からすると、光秀に対しては、「大きくしてやった」「自分が育ててやった」という自負があるから、光秀の裏切りを知った瞬間、「是非に及ばず（しょうがないな）」といったのでしょうし、そういう意味で明智光秀が背くことは考えてなかったってことがいえるわけで、本能寺の変のひとつの要因は、信長の〝甘さ〟ということになるかもしれません。

今川義元

永遠の引き立て役の実像とは？

今川義元プロフィール

永正16（1519）年、駿河国、遠江国の守護大名・今川氏親の五男として生まれる。4歳で仏門に出されていたが、家督を継いだ兄・氏輝が急死すると、天文5（1536）年に還俗《げんぞく》。将軍・足利義晴の諱《いみな》の1字をもらい義元と名乗り家督を相続した。腹違いの兄・恵探《えたん》との間で勃発した、家督争いに勝利して盤石の体制を築くと領国経営に邁進。軍事面でも、織田氏を攻め三河国を支配するなど、今川家の全盛時代を築いている。北条氏、武田氏と三国同盟を結び、永禄3（1560）年、尾張国に侵攻を開始するが、5月19日に織田信長の奇襲を受け、桶狭間の戦いで討ち死にした。享年42。

自分の足で立つ戦国大名

今川義元は、駿河国・遠江国の守護大名だった今川氏の第11代当主にもかかわらず、なぜかいまだに変な扱いで、NHKの大河ドラマでも春風亭昇太さんが、おかしなキャラの今川義元を演じていましたね。義元はゲームのキャラとしても軒並みバカ殿のような格好をさせられてしまう大名で、このような扱いを受けている大名は他にいるでしょうか？ただ、江戸時代に描かれた錦絵などでは、勇猛な武者姿で描かれており、決してバカ殿風ではありません。

その原因としてあげられるのは、桶狭間の戦いで敗死したため、勝利者となった信長の引き立て役にされてしまったというのがひとつでしょう。

それからもうひとつ、息子の今川氏真《うじざね》に責任があるのですが、この氏真が今川の領国をすべて奪われてしまったことです。その後、元今川家家臣の徳川家康が天下人となり、今川氏と完全に立場が逆転。氏真は、最終的に品川辺りに領地と捨扶持《すてぶち》をもらって暮らしているのです。

この氏真は、義元以上に〝ボンクラ〟の二代目ということになっていますが、じつは剣の達人だったりして、みなさんが思ってる以上に、有能だったりもするのですが、しかし、個人の能力は時代のトレンドが変わると、その評価は急変するわけです。

氏真が領国を失ったため、父親の義元がとばっちりを受け〝愚物〟という評価を受けてしまったようですが、義元は戦国大名としては優秀な人物なんです。だからこそ〝人間の評価は難しい〟ということです。

ここで義元に話を戻すと、「義元は、それなりに頑張っていました」という言い方は正確ではなく、それなりどころか抜群に頑張っていました。

今川氏の事績には、「今川仮名目録」があります。これは東国最古の分国法で、領国を統治するための基本的な法典でした。この今川仮名目録は義元の父・氏親が制定したものですが、義元は父の死後に本法を補完する「仮名目録追加二十一条」を新たに制定し直しています。

そこには、「我が今川家は、誰の力も借りないで、領国を治めている」と書かれており、この〝誰の力も借りないで〟とは、主に京の権威のことを指しています。

義元は、「室町幕府将軍の力は借りていない」、さらには「朝廷の力も借りていない」。あくまでも「今川家独自の力で領国を治めているんだ」ということを宣言しているのです。

それゆえに、「我が今川家の手が入らない」すなわち「（我が今川家の）力が及ばない土地が領国内にあってはならない」ということが、この法典に出てくるのです。

まさにそれは、今川家の〝自立宣言〟であり〝独立宣言〟で、今川家が戦国大名として活動することを明確にし、旧勢力の朝廷や室町将軍家から援助を受けなくても、〝自分の力で支配をする〟〝自分の足で立つ〟という存在だってことを宣言しているわけです。これだけでも、義元の印象は変わるでしょう。

あの家康でさえ、領国を治めるための法整備などはしていないのですから、今川仮名目録っていう法律を作った義元と今川家の先進性がよくわかります。

「今川家の力が及ばないような土地があってはならない」という理念を掲げて、領国・駿河国以外に、遠江国、さらに三河国まで義元は征服し、支配した土地の隅々にまで今川家の力を及ぼしていたことになるわけです。

実際、今残されている古文書には、沼津港に浮かぶ船にまで義元の指令が出されていたことが書かれており、そんな細かいところにまで義元の目が行き届いていたことが判明するのです。

これはもう研究者の悪口になるのですが、どうも最近の若い研究者は秩序に弱いんです。

〝将軍の命令〟とか〝朝廷の命令〟とかを高く評価しがち。

なぜかはよくわからないのですが、ひとつ考えられるのは、秩序を前面に押し立ててしまうと、研究するのが楽だからでしょう。だからすぐに、厳然とした〝室町幕府の体制〟とか、〝朝廷の支配〟とかいうものを、先ず想定してしまうのです。僕なんかからすると「楽しているな」と思うのですが、やはり時代なのでしょうか。

ちょっと話がずれますが、僕らの時代は源頼朝が、「どうやって朝廷の支配から脱却して、関東に自分の勢力を築いたのか」「幕府という勢力を築いたか」みたいな話を一生懸命考えました。

ところが今の若い研究者は、「頼朝には、朝廷に逆らう気持ちなんかまったくなかった」。つまり頼朝は「朝廷に忠節を尽くすために、幕府を開いた」みたいな話になるわけです。

僕なんかにすれば、「こういう発想が、どこから出てくるのかな」と思ってしまうのだけど、そんなふうに幕府や朝廷を簡単に割りきってしまえば、結局「鎌倉幕府というきちんとした体制があった」、あるいはその上に「朝廷、天皇がいる」という発想だけで済むのです。権力のカオスを説明する努力をはぶける。

そういう考えが、近頃は強力なんですね。なぜ僕がこの傾向に危惧《きぐ》するかというと、「最初からこういう体制があったんだ」と思い込めば、研究が非常に楽です。史料には表向きのことしか書かれませんから。だけど、それって、どこまで本当なの？　研究者なら疑ってかからなければいけないと思う。

それからもうひとつが、さっき言ったみたいな〝時代〟です。要するに「秩序を作る上位者をすんなりと認めてしまう」というのかな。

僕らの頃は、少なくともソ連が崩壊する以前には、右翼とか左翼とかがあって、アメリカ的なものが勝つのか、ソ連的なものが勝つのかということが、よくわからなかった。〝共産主義〟と〝自由貿易主義〟があって、どちらが勝つのかわからない時代に生まれているから、常に正義とか秩序というのは〝疑ってかかるものだ〟というのが僕らの深層心理のなかにはあるわけです。

ところが今は、最近の研究者は、ソ連が崩壊したあとの世界に生きているせいか、「秩序を信用しない」ということがほぼないわけです。今ある秩序を正しいと思い込みその〝秩序自体に疑いを持つ〟という発想がないのです。

そうすると、非常に従順で羊のようにおとなしい。だから、それが歴史理解にも悪い意味で反映されてしまい、物事を疑ってみるという発想が出てこない。

義元が、「俺たちは朝廷だとか幕府だとかは関係ない！　俺は俺で自立しているんだ」と言ったことを僕は高く評価したいけど、今の若い研究者は秩序からはみ出す勢力を高く評価しないわけです。

だから戦国大名は、「いったいどういった存在であるか」ということが、よくわからなくなってしまうんです。このような問題意識自体が深まっていかないところに、僕は最近の若い人たちの、発想が貧困になってしまったと思うんですよ。このままいくと、「歴史学は滅びるなぁ」と思っているんだけど。これは蛇足です。

有名な大名のたった一度の油断

話を戻すと、僕は義元は優れていたと思います。

ひとつの国を占領するということはたいへんなことで、国を占領するには10年や20年は普通にかかるのです。そうなるとやはり、義元は自分の人生のなかで、三河国までも今川の領国に組み込んでいるわけだから相当威張っていいわけで、非常に優秀な戦国大名だといえるわけです。

さらに義元は、その先の尾張国まで影響力を及ぼそうとして尾張国境へ侵攻しました。そして、尾張国を自分の領土に組み込もうとしたときに、信長に敗北してしまっただけなんです。

考えてもみてください。もしこの義元がただのバカ殿だったら、武田信玄や北条氏康が、甲相駿三国同盟をそもそも結ばないでしょう。

もともと信玄は、海が欲しいわけです。海が欲しいわけだから、義元がバカ殿で与《くみ》し易いと思えば、駿河国へ侵攻したでしょう。信玄が義元の健在な頃には駿河国へ攻め込まなかったところが、僕はミソだと思うのです。さすがの信玄も、義元との戦いは一筋縄ではいかないと判断したと思います。

義元の父・氏親の死後、今川家の跡を継いだ義元の長男・氏輝、さらに次男・彦五郎が相次いで急死してしまいます。すると義元の腹違いの兄・玄広恵探《げんこう》を推す一派と、義元を推す一派に分かれて内乱「花倉の乱」が起こります。当時、駿相同盟を結んでいた北条氏の支援を受けた義元一派が勝利して家督を継いだのです。

義元はその後、敵対関係にあった武田信虎の娘を正妻に迎えて甲駿同盟を結ぶと、北条氏の怒りを買い駿河国の東部を奪われてしまいます。しかし、義元はその奪われた地域を見事に奪還するなど北条氏とも対等に戦い続けていたのです。その後も、北条氏との緊張関係は甲相駿三国同盟を結ぶまで続いています。

さらに義元は、三河国への侵攻に際しても、織田家の妨害を受けながら、ほぼ全域を制圧しています。

ただ、戦いの一寸先は闇。合戦ではなにが起こるかわからなくて、たった一度の油断が命取りとなり、信長に敗れてしまいました。

この、一度の油断で敗れてしまった義元が〝大バカだ〟という話になれば、桶狭間の戦いで義元を討ち取った信長も、本能寺の変で油断から討ち取られているわけですから、もっと〝大バカ〟なわけです。

だから、桶狭間の戦いでの敗北を義元がバカな証拠だというのは、ちょっと違うんじゃないかという気がします。合戦には偶然も作用する、ということなのですから。

そして、もうひとつ義元を侮辱するのが、〝公家の格好〟です。公家の格好をすること自体は決して悪いことではありません。しかし義元が公家の格好をしていたというのは、どこまで本当なのかわからないのですよ。

先ほども触れましたが、義元は駿河守や遠江守など朝廷の官位を欲しがったわけでもありませんし、逆にそんな旧勢力（朝廷や幕府）からの脱却を試みている人物なので、いったいどこから公家のイメージが出てきたのでしょうか。

もしかすると、義元の母親の寿桂尼が公卿・中御門宣胤《なかみかどのぶたね》の娘なので、そこからのイメージかもしれませんね。

まあそのおかげで、志村けんのバカ殿とイメージがダブってしまい、〝今川義元＝バカ殿〟となってしまっているので、気の毒に思えてしまいます。

また、蹴鞠《けまり》をしていたから公家でしょうか？　蹴鞠は、今で言えばサッカーのリフティングですよ。義元は、サッカー愛好者だっただけで「サッカー王国・静岡の元祖は義元だった！」ということにして、蹴鞠ぐらいはやらせてあげてください。

時代の寵児に敗れた不運

戦国時代は信長を中心に評価がされるわけで、信長誕生以前と以後で武将の評価が大きく変わります。信長誕生以後の武将は注目度が高いですが、信長誕生以前の人はほとんど評価もされていませんし、されていたとしてもその評価は非常に低いです。

明治から大正にかけて活躍した山路愛山という作家、歴史家が残した言葉ですけど、「前田利家《としいえ》も佐々成政《さっさなりまさ》も、信長がもしいなかったら、たいした人間にはなれなかったでしょう」。それは言い得て妙で、信長がいたから、利家も成政も名前が残っています。信長が天下を獲り、天下人への道を歩まなかったら、秀吉ですら、後世に名前が残ったかどうかわからないですから。

こういうと、信長に従った家臣からは、「どれだけ信長に仕えるのがたいへんなのかやってみろよ！」と言われそうですが、信長と同時代に生きたことは歴史に名が残せて〝運がよかった〟といえるのではないでしょうか。

義元にしてみれば、戦った相手が信長でなければ、こんなに酷い言われ方はされなかったでしょう。運が悪かったのは、時代の寵児《ちょうじ》・信長に負けたってことで引き立て役になってしまったことと、息子が今川家を潰したことです。

ただ家を潰したといっても、信玄も、息子・勝頼が武田家を潰しましたが、勝頼がバカだと言われても信玄がバカだったとは言われないわけで、同じことは北条家を潰した北条氏政と氏康親子にも当てはまります。

だからそうなると、やはり義元は信長に敗れたことが運の尽きだったのでしょう。

戦国コラム③

日本に軍師は存在しない!?

“軍師”は、NHKの大河ドラマ「軍師官兵衛」で、誰もが知る用語となりました。黒田官兵衛や竹中半兵衛といった武将が、軍師として認知されていますが、じつは、日本に軍師は存在しないのです。

たとえば、半兵衛に関して、確実な史料で残っているものはほとんどありません。だから半兵衛が秀吉のもとでどのような作戦を立案したとか、どんな風に仕えていただとか、まったくわからないのです。ですから、半兵衛に関する話は、相当作られているというか、盛られた話と考えたほうがいいのです。

それでも本当に、半兵衛が秀吉を支えていたのだとすれば、半兵衛が36歳で死んだあと、いくら秀吉がケチだといっても普通だったら半兵衛の弟か息子をもっと取り立てるでしょう。

だけど竹中家は基本的に、江戸時代も旗本ですし、大きな家にはなってないので、半兵衛はまさに軍師とかそういう代物ではなかったはずなんです。官兵衛も、おそらく同じでしょう。

軍師のような目的で、戦場に派遣された役職には“戦目《いくさめ》付《つけ》”とか“戦奉行”がいるわけで、その仕事は、各部隊に総大将の指示を伝えるか、その部隊がどういう戦いをしているのかを監視する役目で、決して軍師ではないのです。

直江兼続も、2万の兵を率いて戦う司令官ですし、官兵衛も九州での戦いでは司令官でした。また真田昌幸も、小なりとはいえ一国一城の主ですから、中小企業の社長でしょ? ですから軍師ではありません。

第四章　地元ＬＯＶＥな地方の英雄

島津四兄弟

最強の武闘派ブラザーズ

島津義弘像

島津四兄弟プロフィール

島津四兄弟はみな、薩摩国、第15代当主・島津貴久の子として伊作《いざく》城で生まれている。長男・義久は天文２（1533）年2月9日生まれ。次男・義弘は天文４（1535）年7月23日生まれ。三男・歳久は天文６（1537）年7月10日生まれ。四男・家久は天文16（1547）年で四男の家久だけが腹違いの兄弟だ。上の３人は年も近いせいか、３人揃って初陣は天文23（1554）年岩剣城攻め。その後、木崎原《きざきばる》の戦い、耳川の戦い、沖田畷《おきたなわて》の戦い、岩屋城の戦いなどに勝利して九州全域に勢力を伸ばすが、天下統一を目指す豊臣軍には抗《あらが》えず、軍門に降っている。

九州では最強を誇るが……

その圧倒的な武力を用いて、九州全域を制圧するまで、あと一歩と迫りながら、天下統一を目指す豊臣秀吉の軍門に降った島津四兄弟。

島津四兄弟は、もう他の武将たちとあまりにも違いすぎですね。えっ、なにが？と聞かれると、ちょっと答えにくいのですが――〝気〟の持ちようが違うというのかな？これは説明のしようがないですよ。島津は武闘派中の武闘派で、もう、「ヒャッハー」って家だから、どうにもならないです。

結局、長男の島津義久が〝地元ＬＯＶＥ〟、薩摩国大好き人間なわけじゃないですか。薩摩国が大好きすぎて、視野が狭くなってしまうわけですよね。

島津の家を守るという意味でいえば、当然それでいいのかもしれませんが、のちにそれが原因で島津家は危機に陥ります。

義久の時代は薩摩国以外に、隣国の伊東氏を駆逐して大隅国、日向国の三国を再統一していたんです。

しかし、天正14（１５８６）年～15年に豊臣秀吉が天下統一を果たすべく起こした九州攻めで、島津は秀吉軍の力を思い知らされます。九州では無敵を誇る島津でしたが秀吉軍は非常に強力で、ついに義久は剃髪《ていはつ》して秀吉の軍門に降るのです。その後も義弘は徹底抗戦を主張しますが、義久の説得により降伏を決意し、秀吉に服従するようになりました。

ところが、強硬に徹底抗戦を主張していた義弘ですが、一旦秀吉への服従を決めると島津家を守るためか、秀吉に対して非常に協力的になるのです。

薩摩から出ようとしない義久に対し、義弘は積極的に大坂に出向いて秀吉の力を探ります。そして、「豊臣家の力は、とんでもないぞ」と考えるようになり、それを正直に義久に伝えるのです。

「豊臣には頭を下げないと、やはり中央政権はデカイよ。日本の中心は豊臣だから」という話をするのですが、それがぜんぜん義久には通じません。義久は、ともかく薩摩のことだけしか考えたくないわけで、残念ながら本当に視野が狭い。

秀吉に朝鮮出兵を命じられたときも、義弘は「とにかく兵を送ってくれ。送ってくれないと島津は潰されるよ」と頼みますが、義久は送ろうとしない。もう泣きの涙で義弘が、「頼むから兵を送って」と懇願すると、やっと兵を送ってくれたのです。

この一件は、義弘に「日本一の遅陣」と言わしめるほどの大失態で、豊臣政権から不信を招き、その後の島津の命運を左右しかねない状況となります。ただこのような重大な状況でも、義久の地元第一主義は治りません。

島津流の武勇の鍛え方

そんな、ダメダメの島津ですが、いざ戦いになると、島津はともかく強いんですよ。なにしろ強い。じつはそれには理由があります。

薩摩国の半分以上が火山灰の堆積したシラス台地で、そのため作物が育たないんです。シラス台地に雨が降ると、雨水はすぐに地中に浸透してしまうのです。台地上に湖や池などの水源がないため水田が作れず、米の生産ができないわけです。

また、シラス台地といえばさつま芋を思い浮かべる方も多いでしょうが、さつま芋が薩摩国に伝来するのは17世紀の初めなので、この時点では薩摩国にさつま芋はまだ伝わっていません。だから食べ物が非常に少ない地域なので、〝えのころ飯〟のようなものが生まれたのかもしれません。

えのころ飯は当時食べられていた郷土料理のようなもので、〝犬ころ飯〟といったほうがわかりやすいかもしれません。その名のとおり子犬の腹を裂き、そこに米を入れて焼いて食べるという、現代人の感覚では非常に野蛮な食文化です。今は鹿児島では犬を食す習慣は残っていませんが、韓国や中国の一部の地域、さらに東南アジアでは、現在も食べられています。

食料が、慢性的に不足気味の薩摩国では犬まで食すか、あるいは他国と戦って食料を獲得するしかないのです。他国の食料を奪い取る、背に腹は代えられないわけで、島津の強さはそういう切羽詰まったところからきた強さなんですよね。

だから、戦いに対する必死さが違う。戦えば島津はめちゃくちゃ強いわけです。

また、その根性の鍛え方も一風変わっています。

薩摩国には〝肝練《きもね》り〟という行為があり、これはなにをやるかというと、若者が車座に座る輪の中心の天井から、縄を垂らして火縄銃を括《くく》りつけるのです。その、縄からぶら下がった火縄銃を、ぐるぐる回して火をつけます。そして手を離すと火縄銃は、勢いよく回り始め、いつ火縄銃が火を噴くかわからない。それにビビってはダメで、ここでビビると、仲間からのリンチが待っています。

車座に座った連中は、酒を飲みながら歌を歌う、もうひたすら我慢するしかないのです。

やがて火縄銃が火を噴き、自分に命中したら諦めて死ぬだけって……いってみれば、薩摩版ロシアンルーレットです。

ひたすら我慢するから〝肝を練る〟。そこから肝練りって、ちょっと普通じゃないですよね。まあ、こういういう調子で鍛錬をしていたというのが、どこまで本当かわかりませんが——島津ならありえそうかと思ってしまえるのが怖いところです。

ちょっと、話が脱線してしまいました。

島津が強い理由を、もうひとつあげるとしたら、その動員兵力です。

石高40万石の動員兵力は1万人というのが平均的な数になりますが、島津の動員兵力は、他国に比べて半端ではありません。

島津の場合は、この平均数値よりも遥かに多くの軍勢を引き連れて行くそうで、いってみれば超軍国主義なお国柄。そういうお国柄だから、戦えば、「そりゃ強いわな」と、なるのです。

現代風にいえば、島津は暴走族かヤンキーのように喧嘩っ早く、中央政府からみれば、「なんか変な奴が来たぜ」とか、「なんか野蛮な奴が来たぜ」となり——このような言われ方をすると、「俺たち、バカにされている」と逆恨みし、薩摩第一主義に拍車がかかります。

関ヶ原で島津はなにをしたかったのか？

こういう連中を相手に九州を席巻した秀吉がなにをしたかというと、義久に仕えていた島津のナンバー2、筆頭家老の伊集院忠棟《いじゅういんただむね》を豊臣家の大名として取り立てたのです。

忠棟には、都城（庄内）が与えられ――都城は4万石とされていましたが、検知し直すと8万石もあったそうで、れっきとした大名になったわけです。

秀吉が、なぜこんなにも忠棟を優遇したかといえば、忠棟をたいへん気に入ったからとされていますが、秀吉のことだからまあ計画的なのでしょう。

忠棟は、豊臣と島津の橋渡しを一生懸命するのですが、豊臣政権と直接交渉が増えると、島津の気に入らない政権の意向を伝える役目も預かります。ところが、島津にしてみれば、

「この野郎、裏切りやがって」となるわけです。

秀吉が生きている間は島津もおとなしくしていたのですが、秀吉が死ぬと忠棟を屋敷に呼び、ついに暗殺してしまう。すると、父親を殺された息子の忠真が都城で反乱を起こす。これが、「庄内一揆（庄内の乱）」です。

慶長4（1599）年のできごとなので、関ヶ原の戦いの1年前に当たり、事態は徳川

家康が間に立って収めたといいます。

関ヶ原の戦いでは、島津氏は、1500（800とも）ぐらいしか兵を出していません。というのも、領国から兵を出すと、いつまた伊集院が立ち上がるかもしれず、そのため関ヶ原へ兵を送れなかったのです。関ヶ原の戦いで、島津氏の動員兵力が少ないわけには、こういった理由がありました。

ですが、関ヶ原の戦いで義弘は家康から援軍要請を受けると、とりあえず大坂にいたわずかばかりの手兵を率いて、鳥居元忠が籠もる伏見城へ援軍に向かいます。

義弘が伏見城へ援軍に向かうということは、当然、伏見城の〝東軍〟につくということですよね。

しかし、伏見城に籠もる元忠に、「殿（家康）からなにも聞いていませんし、もう間に合っています」と、入城を断られてしまうと、なぜか突然西軍についてしまうのです。義弘が、なにがやりたいのか、よくわからないため、「あなたは、東軍なの？　西軍なの？」「ちゃんと考えていますか？」と聞きたくなります。

そして義弘は、西軍についたらついたで、「夜戦を仕掛けよう」とか、「夜襲をしよう」と、石田三成に何度も進言するわけです。

ところが三成は、「いや、そういう夜戦を仕掛けるとかいうのは薩摩の田舎でやってください。我々は正々堂々と戦うんです」と、進言を却下。

すると、言うことを聞いてもらえなかった義弘は機嫌を損ね、当日戦場で動かない。いったい、なにがやりたいのか、本当にわからない。この慶長5（1600）年の時点で義弘は、御年66歳ですよ。もういい年というか、いい爺さんです。なにを戦場で、わけのわからないことをやっているんですか。

最初は、東軍につこうとして、断られると西軍につくし。西軍についても、ふてくされて戦いをボイコットする。あげく、あまりにも有名な「島津の退き口」ですよ。もうこうなるとなにがしたいのかさっぱりわかりません。結局、「退却するぞ」と言い、味方の犠牲をものともせずに敵陣突破するわけです。しかも戦後には、西軍についたにも関わらず、本領安堵（77万石）されていますし——ますますわけがわからない。

まあ早い話、家康にとって島津など、どうでもよかったのかもしれません。

日本列島の隅っこに領地を持つ島津が、西軍につこうが、東軍につこうが、島津を潰そうが、島津を生かそうが、家康にとって優先順位は低いのです。

だから島津は生き残れたわけで、「島津が優秀だったから生き残れた」だとか、「島津の外交が見事だったので生き残れた」だとかいうのではなく、ただ単に薩摩国が〝ド田舎〟だから、生き残れただけなのかもしれない。

その辺が「なんだかな」という感じなんですよね。

しかも領地を削られることがなかったのに、関ヶ原を忘れるなという意味で、「チェスト！　関ヶ原」といって怒るわけです。

「怒るって、それは違うだろ」という話で、どう考えても徳川を恨むのは逆恨みでしかありません。でも約250年後に、その恨みを晴らしちゃうんですものね。

島津の家督相続

なんだか義弘の話ばかりになってしまいましたが、この章は「島津四兄弟」がテーマでした。

話は戻りますが、長男の義久は秀吉の九州攻めで敗北を喫すると、「すみません。頭丸めますから許してください」と言い、義久は剃髪し出家して法名・龍伯となることで許されました。そして、このとき「島津家の家督はどうなったのか？」という話があります。

義久には息子がいなかったので「次男の義弘に家督を譲った」という説や、義弘には家督を譲らず「義弘の息子に家督を譲った」という説があります。島津の全権を握っていたのは出家した龍伯だったので、どちらにせよ形式的な話になってしまうのですが。

実際、義久が出家したあとの島津家で軍事活動を行なっていたのは義弘です。朝鮮出兵を行なったのも義弘ですし、関ヶ原にも行きました。なので「義弘が継いだ」と僕は考えていますが、島津家では義弘を藩主として数える方法と、数えない方法があります。

どちらにしてもその後は、義弘の次男の久保《ひさやす》が跡を継ぎます。ただしそれは、龍伯の娘を嫁にする——いとこ同士で結婚するのが条件でした。義久には息子はいないけど娘はいたんですね。

ただ、肝心の久保が朝鮮出兵で陣没してしまうのです。

島津家では、その後どうするかという話になり、久保の弟の忠恒（後の家久）に、兄の未亡人を嫁がせて跡を継がせます。要するに兄貴のお下がりを嫁にして、跡を継がせることにしました。

ただ、この義久の娘が——大きな声ではいえませんが、どうも器量が悪かったようですね。そのため忠恒（家久）は、嫌で嫌でしょうがなかった。ところが誰が家督を継ごうが、島津家で一番偉いのは龍伯なのです。

　この龍伯がいまだに、島津家内で絶対者として君臨しているものだから、忠恒にしてみれば、龍伯の目の黒いうちはなにもできません。龍伯の娘である嫁の機嫌を取らないといけないわけで、側室も持てませんでした。

　ところが龍伯の死後、それまで無理をしていた反動が出たのか、忠恒は8人の側室を抱えて、32人の子どもを生ませたのです。

　この忠恒が江戸時代になり、初代・鹿児島藩主になるのですが、この32人の子どもを重臣の家へ養子として送り込んだため、島津家では家臣団の統制が上手くいったという、なんとも皮肉な結果となります。

　ちなみに、この不器量だったと伝わるお嫁さんは亀寿といい、死後は持明院と呼ばれ、鹿児島県の鶴嶺《つるがね》神社に女性の願いを叶えてくれる神様として祀られています。器量はよくなかったようですが、性格は美人だったんでしょうね。

　でも、この正妻の亀寿との間に子どもを作らず、側室8人に32人もの子どもも生ませた忠恒は鬼畜ですよ、絶対に。

　三男の歳久は、朝鮮出兵（文禄の役）のときに「梅北一揆《うめきたいっき》（梅北国兼の乱）」が起こり、その後ろで糸を引いていたのでは？ との疑念を持たれ、腹を切らされています。この一揆騒動に歳久の家臣が参加していたため、秀吉の怒りを買ってしまったという説もあります。

島津四兄弟では、四男の家久が一番勇猛です。軍事指揮官として、沖田畷の戦いで龍造寺隆信の首を取った。秀吉と戦った戸《べ》次川《つぎがわ》の戦いでも、長宗我部元親の息子の信親と十河《そごう》存保《まさやす》を討ち取っている。そういう大将級の首を3つも討ち取っているため、戦国最強は誰？ と問えば必ず家久が出てくるわけです。

ただ、この人の死に方っていうのが——病死説もあるけど、兄たちに毒をもられたって説もあります。

じつは四兄弟のなかで家久は、義弘以上に秀吉に対し徹底抗戦を主張しており、秀吉に服従を決めた兄たちに殺されたという。その辺りもよくはわからないのですが——まあ、普通に考えたら病死かなと思うけど、死ぬタイミングがあまりにもよすぎるため毒殺説が根強いんです。

「島津にバカ殿なし」

こうしてみると、島津四兄弟は、秀吉に対しても、「豊臣政権なにするものぞ」という反骨心が旺盛で、さらに中央に対するコンプレックスも強いんだと思います。ただ、中央に対するコンプレックスが強いのはよくわかるのですが、だったら義弘は関ヶ原の戦いでなにをしたかったのでしょうか。

だいたいこの四兄弟は、いい意味でも悪い意味でも、普通じゃないんですね。

江戸時代には、「島津にバカ殿なし」と他国からいわれるほど、島津家にはバカ殿はいません。有能な当主が続くんです。

また、島津は明治維新に至るまでの間、交易が非常に上手いんです。家康には、「島津は日本の端っこにいるから」といって相手にされませんでしたが、江戸時代の歴代藩主はそれを逆手に取って海外交易で儲けました。日本の端っこで、毎日海を見て暮らしているので、海の向こうとの交易ってものに対しての発想が違うんでしょうね。

島津の海外交易といえば、琉球征伐のイメージが強いせいか、琉球からむしり取るだけむしり取って――たとえば琉球の黒砂糖が薩摩の財源だったと僕らは単純に考えがちです。ですが実際は、そんな単純な話ではなく、島津が莫大な利益を得たのは昆布でした。

じつはちょっと驚かされたのですが、島津は北海道の昆布を北前船で運び、中国に売りさばいていました。昆布を中国に売って、ボロ儲けをしていたのです。

昔は越中、今の富山県が昆布の消費量が高かったといいます。なぜ富山が昆布ばっかりを食べていたのかというと、じつは富山が薩摩の昆布貿易の中継地点で、北前船は富山で荷をおろして富山の薬などを買っていました。そして島津は、その富山でも商いをし、さらに質のいい昆布を沖縄へ運び、中国や朝鮮半島で売りさばいたそうです。

そういうことに関しては、江戸時代の薩摩は優秀でした。やがて、このボロ儲けしたお金を貯め、明治維新で幕府を潰すんです。

伊達政宗

じつは戦国一の小悪党

伊達政宗プロフィール

永禄10(1567)年８月３日、出羽国で伊達輝宗の嫡男として米沢城で生まれた。幼名梵天丸《ぼんてんまる》。元服し政宗を名乗る。天正12(1584)年には、父の隠居に伴い家督相続。そこから積極的に領土拡大に乗り出し、蘆《あし》名《な》義広を摺上原《すりあげはら》の戦いで破り会津を支配した。しかし、その頃中央では豊臣政権が確立して、天下統一はすでに目の前。秀吉への服従が遅れ、会津没収の憂き目に遭う。慶長5(1600)年の関ヶ原の戦いでは東軍に属しながら合戦では日和見、そのためわずかな加増に抑えられた。大坂の陣にも徳川方として参戦。寛永13(1636)年5月24日に病死。享年70。

中央より20年遅れた東北地方

若き当主・伊達政宗は、伊達家の勢力回復を目指し戦い続け、ついに奥州の覇者となったのです。このように書くと、やはりすごい武将のようですが——伊達政宗は、どうも〝独眼竜〟というカッコいいイメージが強すぎますよね。そこでまず、「独眼竜っていうのが本当だったのか？」ということを考えてみます。

有名な話として、「片倉景綱小十郎が政宗の潰れた目をえぐり取った」というのがあります。ところがどうも、それは嘘らしいのです。

じつは、仙台市に瑞鳳殿というように伊達家の廟があり、政宗の遺骸も埋葬されているんです。その政宗の頭蓋骨を調査した結果、潰れた目はえぐり取られてはなく、ちゃんとあったというんですね。

そうなると、「景綱が政宗の潰れた目をえぐり取った」という話は嘘になります。ただ片目は見えなかったのは事実。ですが眼帯はつけてはおらず、眼帯は昭和になってからの創作です。

なんといっても〝独眼竜〟ってカッコよすぎるじゃないですか、アイパッチつけて。また大河ドラマで政宗を演じた渡辺謙さんのイメージも強いし、視聴率も「最高40パーセント」というイメージが先行して、政宗人気は非常に強力です。

とにかく戦国武将として独眼竜・政宗の人気は高いのですが、では本当に戦いが強かったのかを調べてみると、これが案外びっくりで、政宗がスカッと勝利したのは蘆名義広《あしなよしひろ》と南奥州の覇権を争った「摺上原の戦い」だけ。他の戦いはすんなりと勝ってないんです。

政宗が米沢に生まれたのは、永禄10（1567）年8月3日です。

この当時の中心は都のあった〝京〟なのです。そのため、この頃は関東地方もただの田舎です。そして関東地方が田舎だということは、当時の東北地方は〝ド田舎〟なんです。

中央（京）と、20年は時間がずれている。

要するに政宗が、若くて世に出てきたと賞賛されますが、それは単に東北地方が田舎なためで、信長や秀吉の世代と比べ確実に一世代遅れているのです。

よく考えてみればわかると思うのですが、上杉輝虎（謙信（1530～1578年））、それから毛利輝元（1553～1625年）。ふたりに共通する〝輝〟は、将軍・足利義輝の一字をもらっているわけです。そして、政宗の親父が伊達〝輝宗（1544～1585年）〟なんです。ということは伊達家も親の世代で他の戦国大名と渡り合わなければならないのに、一世代約20年、政宗の育った東北地方は遅れているのです。

結局、江戸時代になっても遅れてしまう。江戸時代に遅れるというのがどういうことかといえば、餓死者が出るということ。江戸時代の日本で、飢饉に陥り大量の餓死者が出るのは、残念ながら東北地方だけです。

明治維新の戊辰《ぼしん》戦争で、東北地方の藩が「奥羽列藩同盟」を結んで新政府と対立しますが、これも時代遅れの産物といえます。

会津は、松平家なので徳川幕府に忠節を尽くさなければならない立場ですが、他の藩は徳川幕府に義理などありません。東北の藩は田舎に住んでいるため、時勢が読めないのです。

明治、大正期に活躍した政治家の平民宰相・原敬は、南部藩の上級武士の家に生まれました。その原敬が使っていた号が〝一山〟といい、その由来が、「白河以北、一山百文」なんです。

「白江以北、一山百文」というのは戊辰戦争で東北に攻め入った薩摩兵の、東北地方をバカにした言葉で——当時の薩摩は、「田舎もん」呼ばわりされていたため、東北地方に対する偏見がすごく、「白河以北、一山百文」と言いながら攻め込んで来たといいます。

これに対して原敬は常に、「こんちくしょう」との思いを抱き、その悔しさを忘れないため一山百文から〝一山〟と使っていた。江戸末期でも、それぐらい中央に比べて時代が遅れていたのです。

四国の長宗我部元親と同じで、〝鳥なき島のコウモリ〟というか、時代が遅れている東北地方でブイブイいわせていたのが政宗なのですから、独眼竜とかいわれても「笑っちゃうぜ」という話になりますね。

パフォーマンスは見事だが……

この当時の東北地方の中心は会津です。東北の地図を思い浮かべると、会津は南に下りすぎているのではと思うかもしれませんが、当時は少しでも京に近いところが中心になっていたのです。

東北地方の覇権を握るには、会津を握る必要がある。そこで政宗は、ともかく「米沢から南下して会津盆地を獲りたい」と考え、戦い続けます。

その間、政宗は「目的のために手段は選ばず」で、小浜城主・大内定綱を攻めたとき（小手森城攻め）など、残忍な皆殺し作戦を行なっています。女子どもはいうまでもなく、犬や猫まで生きるものすべてを殺したというのです。

政宗には、そのような後ろめたい戦い方などがあり、どうもスカッとした勝利がない。有名な、二本松（畠山）義継に、父親を拉致《らち》されたときには非情にも、「父親もろとも撃て」と家来に命じて父もろとも殺してしまう。

ですがその後、二本松義継の家来が二本松城に立て籠もると、政宗にはそれが落とせないのです。もう敵の大将はいないのにですよ。まあ子どもが形式的に奉じられているけれど、彼は指揮なんかできない。大将がいない敵を相手に攻め落とせない。すると佐竹や蘆名の救援が来襲し、政宗は人取橋の戦いで身に危険が迫るも、老将・鬼庭左月斎《おににわさげつさい》の奮闘で助けられています。このときも政宗は、すんなりと勝てなかった。

ただ、勝者が会津を握るという、運命の摺上原の戦いでは見事な勝利を収めました。とはいえ、会津磐梯山《ばんだいさん》から吹いてくる風が、敵対する蘆名軍に向かい風になり、その風を利用して勝ったというのだから、政宗が勝つにはもう、「神頼みしかなかった」のかもしれませんね。

神に救われた政宗は会津を制覇して、東北地方に覇《は》を唱えました。

ところが、100万石以上の領地を獲得したにもかかわらず、秀吉の北条征伐に遅参したために結局72万石へ減封されてしまうのです。

会津領は没収され、残るは米沢城だけとなる。確かに、白装束を身にまとい見事なパフォーマンスで命は取られませんでしたが、それまでの努力はすべて水の泡。

またさらに政宗が、なんともカッコ悪い姿を晒します。政宗のあと、会津領に転封となった蒲生氏郷に対し一揆を仕掛け、といっても後ろで「やれやれ」と農民を煽《あお》っただけですが——氏郷を滅ぼすこともできず、挙句の果てに悪事をすべて秀吉に通報されてしまうのです。

そして再び秀吉から呼び出しがかかると、白装束に金箔を張った十字架を背負って京都の町にやって来て許しを請う。このときは米沢城まで召し上げられて、ついに58万石まで減らされ、岩出山城に拠点を移したのです。

もう、そういう余計なことばかりやって、どんどん立場を悪くしていく。「もうおとなしくしてなさいよ、あんたは」というのが政宗の実像なのです。

秀吉に一度怒られたときに、余計なことをしなければ、72万石の大大名になれたわけなんです。会津領を召し上げられたときに、すかさず秀吉のもとに馳せ参じて、「ごめんなさい」と謝っておけば、72万石まで減らされることすらなく、運がよければ80万石とかもありえたかもしれない。だけど、それもできなかった。

挨拶が遅れ、会津領没収で〝72万石〟。

しかも、未練たらしく氏郷にちょっかいを出して、氏郷との知恵比べに敗れて、72万国が〝58万石〟になる。さらに、岩出山城を築いたあとにも、豊臣秀次に加担したものだから——秀次が腹を切らされるとまた、「すみませんでした」と謝り、本当にカッコ悪いことばっかりやっているわけです。

さらに秀吉の死後、関ヶ原の戦いで徳川家康から、「味方してくれたら、領地を増やす」と文書をもらう。加増される予定の領地を計算すると１００万石になるので、それが有名な〝１００万石のお墨付き〟なんですね。

そこで、おとなしく東軍として働けばいいものを、また悪い癖が出て〝東軍〟なんだか〝西軍〟なんだか、わからないことをするんです。

上杉景勝が、政宗の伯父にあたる最上義光《もがみよしあき》を攻めると、義光から救援依頼が来るわけですが、この伯父と政宗はとにかく仲が悪い。

でも同じ東軍なのだから、救援依頼に応えて兵を送り上杉と戦えば〝100万石〟を手に入れられたのに、ただ傍観して――少しだけ兵を送りますが、合戦には参加しない。

結局、戦後になって家康に「お前なにもやらなかったじゃないか」と怒られ、伊達領は62万石になるわけです。本当に、ダメダメでしょ。

そういう政宗に愛想を尽かしたのかもしれませんが、伊達成実が出ていっちゃう。政宗の右腕が片倉小十郎（景綱）だとすると、左腕だといわれた武将が伊達成実なんです。政宗は、この左腕に愛想を尽かされたのか、突然成実が出奔してしまうのです。

そのあと、政宗がどうしたかというと、成実に戻ってきてもらうため一生懸命のパフォーマンスを行なうのです。結局、成実は戻ってきているので、政宗は合戦よりパフォーマンスが上手かったといえるのかもしれない。

その政宗のパフォーマンスは、演出に巧みさがあるわけです。

江戸時代になると、武勇伝好きの秀忠に、「戦国時代、私はこう戦いました」みたいな話を一生懸命に吹き込み取り入ります。

このように晩年の政宗は、なにかにつけて、「俺は昔～」と自慢話をしていたようで、「嘘つけこのやろう」と言いたくなりますが、とにかく長生きした者の勝ちでしょう。自慢話が多い親父の典型で、家光などはそれなりに手玉に取られたようで、「仙台の爺。仙台の爺」と慕っていたといいます。

その家光が3代将軍になると——家光は男の子が好きなので、そういう話を聞きつけると、政宗は「屋敷に来てください」と招待します。そして館に綺麗《きれい》な男の子をずらりと並べ、踊りを踊らせて家光の心を摑む。こういうことだけは巧みなんですよ。だから僕は、「独眼竜って、それは違うだろ。単なるパフォーマンスだけじゃん」と文句のひとつも言いたくなるんです。

確かに大坂の陣では、猛将・後藤又兵衛を倒していますが、あのときは軍勢の数が違いすぎます。政宗は2万から引き連れて行っているわけでしょ。しかも又兵衛はすでに56歳。もうすでにいい歳の又兵衛を10倍近い人数で討ち取っても、「いったい、なんの自慢なんですか」となりませんか。

政宗が記した絶縁状

ただし政宗の美意識は、確かに優れていたようで、映画「スターウォーズ」で、ダースベーダーのもとになったとされる政宗の甲冑は有名です。その名称は黒漆《くろうるしぬり》五枚胴具足《ごまいどうぐそく》といい、兜の前立ての三日月がとても美しい。この三日月は身分が低くなると小さくなる――そういうところのちょっとした美意識も優れていますね。

さらに、茶人としても、料理人としても一流だったようです。

「戦国武将が料理?」と驚かれるかもしれませんが、政宗は料理の献立を考えるのが好きだったし、自分でも包丁を握っていました。

今では仙台銘菓として人気の〝ずんだ餅〟も、政宗が名付け親だといいますし、政宗がグルメだったことは間違いないようです。

政宗には、おしゃれな男性を指す「伊達者」の由来になったという説もあります。苗字の「伊達」を〝ダテ〟と読んでいますが、政宗自身は〝イダテ〟と読んでいたようです。それがなぜわかるかというと、政宗は支倉常長《はぜくらつねなが》をヨーロッパに派遣しました。その際の書類に、自身の名前をローマ字で書いていて、〝IDATE〟と表記しています。だから政宗が、〝男だて〟や〝伊達者〟の語源となったというのは、どこまで本当かはわからないのです。

まあ基本的に、当時の武将の頭はお花畑だから、高いのと低いのがあったら〝高いほうがいい〟。大きいのと小さいのでは〝大きいほうがいい〟。彼らの価値基準は、その程度なんです。小坂という地名を大坂にしてみたり、その手の発想しかない。

現在の大都市は、戦国時代の武将か、江戸時代の武士が名付けた町が多いわけです。だから、名前が妙に単純で、たとえば松を使っている町がやたらに多い。松は常緑なので戦国武将が大好きだったんです。

だから、高松とか、松山とか、会津若松だったり――隈本も、強そうな熊本に変えたりするんです。

そんな意識しかもたない武将のなかで政宗は、中国の漢詩に倣い〝仙臺（仙台）〟と命名しています。信長が〝岐阜〟と命名したように、仙台は政宗が知恵を絞って名付けたようです。

政宗は頭がよく、〝文〟と〝武〟でいったら、〝文〟に優れた武将だったのでしょう――だから、奇抜なパフォーマンスばかり思いつくのかもしれませんね。

最後に、付け足しの話をひとつ。

秀吉が在命中の話です。

秀吉は、豊臣政権に対する申次役（連絡役）を浅野長政に命じていました。その長政が、秀吉に叱責された政宗に対して色々と知恵をつけていたのですね。

政宗はそれに対して、「え～」とか、「もうヤダ」と駄々をこねていました。

そんななか、政宗が長政に送った絶交状が残っているのですね。

そこには、「私は秀吉様に忠節を尽くします。領地はすべてお返しします。そして私を小姓並に扱ってください」と、「あなたはそんな風に秀吉様に申し上げろと言ってきましたが、領地をすべて返してしまったら、私はどうやって秀吉様に忠節を尽くすのですか？ムチャなことは言わないでください。もうあなたのことは、決して指南役だとは思いません。もうこれで絶交です」というようなことが書かれているのです。

伊達家と浅野家の両家は、明治維新まで大大名として生き残るわけです。この政宗の〝絶交状〟の影響を受け、江戸時代を通じて両家はずっと仲が悪く、「265年も喧嘩するなよ」と言いたいところではありますが、明治になってやっと仲良くなったそうです。

ただ、話はこれだけでは終わりません。

時は、元禄15（1702）年12月14日の赤穂《あこう》事件につながります。

忠臣蔵で有名な赤穂浪士の討ち入りです。

江戸時代を通じて仲の悪かった浅野家と伊達家の確執は、さらに分家にも受け継がれていたのです。仲の悪い浅野の分家と伊達の分家が、運悪く相役として、吉良《きら》上野介に指南を受けることになりました。口うるさい上野介に対して、伊達宗春（村豊）はなんとか耐えましたが、浅野内匠頭《たくみのかみ》はプッツン切れてしまいます。

この事件も、両家の仲がよければ、お互いに愚痴をこぼし合ってガス抜きするとか、上野介に賄賂《わいろ》を送るなどの役目を無事に果たすための相談ができたでしょう。でも、それを行なうことができなかったのも、本家同士の仲が悪かったからなのです。

政宗が、子どもじみた絶縁状を長政に送らなければ――松の廊下の一件もなかったでしょうし、赤穂浪士の討ち入りもない。

忠臣蔵ファンにとっては、政宗さまさまなのかもしれません。

戦国コラム④

政宗と小十郎のちょっと痛い話

政宗と小十郎（景綱）との話は、なぜか妙に女性に受けて歴女の人気が高いですよね。ただそれは、主君と家来の契《ちぎり》のことではなく、ちょっと違う種類の契（?）の話で、BLと呼ばれています。BLはボーイズラブの略で、ご存知の方も多いでしょうが、その名のとおり男同士の恋愛話です。

「え〜戦国武将が?」などと今どき驚かれる方は少ないと思いますが、当時は“男色”といい、男同士の肉体関係は普通の行為で、政宗も今でいう“ホモ”なんです。

ただ、景綱と政宗が男色だったわけではなくて、二代目片倉小十郎重長が美男子で、政宗とそういう関係にあったそうです。

“小十郎”は、代々の片倉家当主が名乗る名前なので、単に“片倉小十郎”だと、誰のことかわかりません。

男色は、体を傷つけて証を立てるとこがあり、政宗の「俺は昔、体中傷だらけだったけど、最近はやらないな」と言ったという記録が残っていて、「ホントもう、バカじゃないか」と思います。体を傷つけるといえば“指詰め”も男色なんですよ。

痛みと血を流して、相手に対して操《みさお》を立てる行為が、江戸時代に吉原遊郭へ入って、「本当にあなたのことが好きです」といったときに指を詰めるんです。それが“断指”。

その詰めた指を愛する男に渡して、「あなただけが本当に好きな人なんです」と愛する男性に証を立てるのですが、いくら「あなただけが好き」と言われても、気の弱い僕はドン引きですよ。今だと単なるストーカーですものね。

番外編　戦国時代の悪女

淀殿

豊臣家を滅ぼした最強の毒親

淀殿プロフィール

生年は、永禄12(1569)年に、近江国小谷で小谷城主・浅井長政の長女として生まれたとされるが、日付は確定していない。名は茶々。母は織田信長の妹・お市の方。信長と同盟を結んでいた父・長政が謀反を起こしたため、天正元(1573)年、居城・小谷城は織田軍に攻められ落城。父は自刃。お市の方は柴田勝家に再嫁するとともに越前・北ノ庄城に入るが、勝家が羽柴秀吉と対立し、北ノ庄城は秀吉に攻められ落城。お市の方は自害。逃げ落ちた茶々は秀吉の保護を受け、その後側室となる。しかし大坂の陣が起こり、慶長20(1615)年5月8日、息子・秀頼とともに自刃した。享年47。

淀君から淀殿となった理由

淀殿は、戦国一の美女とされるお市の方を母に持っていた。だから彼女もさぞや美しかったことでしょう。しかし、運命に翻弄された女性でもありました。生涯で3度もの落城を経験し、ついに大坂城で命果てるのです。

このような悲運の女性の素顔を暴くことに関しては、若干の抵抗がありますが、淀殿は〝戦国一の悪女〟との呼び名も高い（?・）そうなので、遠慮せずに、ではいってみますか！

まずは、淀殿の、名前からみていきましょう。まず、淀君から淀殿への名前の変貌があるのです。それは考えてみたらバカバカしい話で、江戸時代に〝淀君〟と言うようになった。なぜかというと、遊女を辻君という。○君というのは悪い意味がある。それで淀殿より淀君のほうが彼女のイメージを悪くできると考えられたというのです。

そのため、最近になってテレビなどでは、「淀君って名前はよろしくない！　淀殿だ」ということで呼称を改められている。

遊女のことは、江戸時代には路傍に立つ娼婦という意味で〝辻君〟と呼んでいたわけですが、遊女がそんなに悪い存在と認識されていたかといえば、それはぜんぜん違います。

辻君はもともと室町時代の言葉なのですが、まったく印象は悪くないんです。

なぜかといえば、室町時代には性病の「梅毒」が国内に入ってきていなかったからでした。梅毒は、戦国時代になって日本に流入し、遊女の鼻が取れたり、突然死んだりということで、神仏に見放されたイメージが定着していったのです。江戸時代になると儒教の影響で「身体を売るのが悪い」というよくない話にもなってきます。

ところがところが、江戸時代までは、身体を売ることに対して悪いイメージは今ほどなかったのです。

実際に、室町時代に描かれた遊女の絵が残っていますが、そこには当時の〝ファッションリーダー〟としての遊女が絵の題材になっているわけで、今と違って華やかな存在として、もてはやされていることがわかります。

また、少なくとも遊女のイメージは、いろいろな芸能の達人であるとか——昔は白拍子といわれ、音楽に通じ、歌のひとつも詠めなければダメなど、歌舞を専業とする娼婦がいました。まあ、江戸時代でいうと吉原にいた、いわゆる花魁《おいらん》のような高級遊女ですね。

そういう意味からいうと、「〝○君〟が悪いんだ」というのは、どうも僕はよくわからない。そんな呼称ひとつで、どうかなるものでもないような気がします。

ただ、それより笑ってしまうのが「淀殿が秀吉のふたり目の正室である」、みたいな、わけのわからないドラマがあるわけですよ。大河ドラマにもありましたね。

やはり、正室がふたりというのは変な話で、他のどこかの家で正室二人制があったら教えて欲しいですね。側室はたくさんいても、どこの家でも正室はひとりです。ひとりの正室以外は、すべて側室なのです。

たとえば淀殿が織田信長の姪だから――これは、秀吉からすれば出自が主君の家の人だから、「これは正室である」、みたいな捉え方をするのであれば、信長の娘で秀吉の側室になった〝三の丸殿〟は側室ではなく、正室になってしまいます。これでは秀吉には、3人もの正室がいたことになってしまいます。

たとえ、ご主人様の娘を嫁にもらったとしても、他に正室がいたら、すべて側室なんですよ。

淀殿を正室と考える方は多分、正室でもない淀殿が大坂城で、「どうしてあんなにブイブイいわせていたのか？」ということが発想のもとになっているのではないでしょうか。

この「どうしてそんなにブイブイいわせていたのか」を検証する前に、戦国時代の婚姻について説明させてください。

浅井三姉妹を政争の道具にしなかった秀吉

たとえば、大坂の陣で豊臣家が滅んだあと、秀頼に嫁《とつ》いでいた千姫は無事に父・秀忠と祖父・家康のもとに帰ってきました。ふたりが、今度こそ千姫に本当の幸せを味わってほしいと願ったとき、どこに嫁に出したかというと、本多忠勝の孫・忠刻《ただとき》のもとでした。領地の広大な大大名のところではないんです。やはり忠節な家臣のところに嫁に出し、安心して暮らせるようにという配慮があったのです。

こう考えてみると、戦国武将が自分の妹や娘を、どこに嫁に出すかで、その武将の考え方がわかります。

あの信長さえも、親しい女性たちには幸せになって欲しいと願っていたようで、自分の妹たちや娘を嫁がせたのは一族や昔からの家来の家など身近なところで、大名家にはほとんど嫁がせていません。大名の家に嫁に出すということは、いずれ〝敵味方〟に別れる可能性があるからです。ですが、たった一度の例外が、お市の方だったのです。

そのお市の方に、秀吉が惚れていたという話がありますが、それは歴史事実としてはないわけです。その証拠に、お市が柴田勝家に嫁ぐことに対して、秀吉は異を唱えることなく認めているわけです。そのため、秀吉がお市の方に執着があったとは認められないのです。秀吉がお市の方を好きだったという確証を得ることはできず、その説がどこまで真実かはわかりません。そうすると、「淀殿が秀吉の運命の人だった」という説も、不確実なものになります。

　このように、お市の方との物語はあと付けの可能性が高いのですが、逆にお市の方は秀吉のことを積極的に嫌いだったかもしれない。その根拠は、織田家中で浅井家の担当が、秀吉だったからです。

　秀吉は、浅井家の居城・小谷城の監視をするため、小谷城が見渡せる横山城にずっと張りついていました。最終的に浅井領をもらったのも秀吉です。また、「お市の方のお腹を痛めた子ども説」と、「側室の子どもで、お市の方が育てたという説」がある、浅井長政の息子・万福丸を処刑した（せざるを得なかった）のも秀吉で、息子の仇《かたき》でもあった。そのため、お市の方は秀吉の顔を見るのも嫌だったのかもしれません。

　秀吉は、お市の方には愛情はなくても、3人の娘に対してはどうだったのでしょうか。淀殿の妹ふたりは秀吉の意向で、二女の「初」は京極高次に嫁ぎ、三女の「江」は佐治一成に嫁ぎました。

初が嫁いだ高次の母・京極マリアと初の父・浅井長政が兄妹なので、ふたりはいとこ同士になります。さらに高次の妹（姉説もある）は、秀吉の側室・松の丸殿という関係です。

一方、江の嫁いだ一成は、信長の息子・信雄のいとこ。さらに一成の母も信長の妹お犬の方です。そのため、江からすれば、お犬の方は母の妹なので一成とはいとこ同士、佐治家は織田家の半分親戚みたいな家なのです。初も、江も、夫とは血がつながっていたのですね。

このように秀吉が、初と江を血のつながった家に嫁いだということは、秀吉はふたりを政略結婚の道具ではなく、至極まっとうな形で嫁に出したということです。秀吉には、ふたりを政争の道具として利用しようという気などぜんぜんなかったのでしょう。逆に、「よく知っている家で幸せになれ」と思っていた、それだけのことでした。

ただ蛇足ですが、秀吉自身が女好きだったことを考えると、初も江も、そんなに美人じゃなかったのかなという気はしますね。だからふたりには執着しなかった。多分、淀殿だけがお母さん似で美人だったのかもしれません。

話は脱線しますが、三姉妹の父・浅井長政の苗字は〝あざい〟と読むのが、僕どうも鼻につくんです。テレビでもなんでも、「あざい、あざい」というじゃないですか。近江国、今の滋賀県の地元では、確かに〝あざい〟なのです。ただ、『和名抄』という、平安中期に編纂《へんさん》された辞典には、〝あざい〟と〝あさい〟と両方の記載があるのです。

たとえば、源平の富士川の戦いも地元では〝ふじがわ〟とは言わないで、〝ふじかわ〟と言います。なので以前「〝ふじかわの戦い〟と言え」と叱られたことがあるのですが、そんなこと言っていたらきりがないんです。だから僕は別に浅井も、普通に〝あさい〟でいいと思いますし——だいたい、「〝あざい〟と言うんだよ」と自慢して、本当は〝あさい〟だったら非常にカッコ悪いじゃないですか。なにごともカッコつけて失敗したときのほうがみっともないですよね。だから普通に読むのが一番です。そういう意味でも僕は〝あさい〟でいいと思っています。

淀殿は秀吉の正室だったのか？

話を戻しますと、淀殿の実家の浅井家には家格もないし、ましてや淀殿が秀吉の運命の人でもないのでロマンもへったくれもあったものではない。たとえ本当に運命の人だとしても、淀殿を正室にするには正室のおねと離婚するしかありません。

ただ一例、豊臣秀次の正室は、池田恒興の娘・若御前ですが、もうひとり菊亭晴季《きくていはるすえ》の娘〝一の台〟がいて両方とも正室扱いなんです。しかし、秀吉が秀次事件のあと連座して、秀次の正室や側室、子どもたちを惨殺したなかに、若御前がいないので、すでに死んでいた可能性が高いわけです。だからやはり、どこの家でも正室は普通ひとりなんですね。

まあ、家康みたいに正室を置かなかった事例もありますし、誰かを正室扱いにするという場合もあったかもしれませんが、それは正式な正室ではないのです。

では正室でもない淀殿が、どうしてそんな力を得ることになったかといえば、やはりそれは〝おふくろ様〟つまり子を生んだからです。これはなんていっても一番デカいことなのですよ。

こういうことを言うと、すぐにフェミニストが「子ども生んだから偉くなったわけじゃないだろ！」と言って怒るのですが、でも当時はそうだったのだから仕方がありません。今の時代に、子のあるなしで女性に優劣をつけるなんてことは絶対にあってはいけないことですが、当時は仕方がないことだったのです。

どこの家でも同じですが、お城に仕える侍女たちのなかで、「お前可愛いな」と、お手がつく。その相手が大名だと、彼女の格が一段上がるのです。そこから側室として迎えられると、もう一段上がります。今度は子どもを産むと、もう一段上がるどころじゃなく二段以上ググっと上がるのです。またさらに、その子どもがお家の跡取りになると、格は天井知らずに上がるのです。

この一番いい例が、大河ドラマにもなった「利家とまつ」で知られる加賀国の前田家で起こっています。

まつは利家のために、11人子どもを生んでいますが2男9女で、男の子はふたりしかいなかったのです。しかも関ヶ原の戦いではふたりの男兄弟が東軍と西軍とに分かれてしまい、西軍についた弟・利政は結局、所領を没収され隠棲するはめになり、前田家は東軍についた嫡男・利長が継ぎました。

しかし利長には世継ぎが生まれなかったため——どうも利長は梅毒だったらしいですね。世継ぎが生まれなかった利長は、父・利家が側室に生ませた異母弟の利常を養子に迎えて跡取りにしました。そうなると、利常を生んだ母・千代保《ちよぼ》は、もとは正室まつの侍女でしたが、「私は前田家の跡取りを生んだのよ」と、すごく大きな顔をするようになったのです。

千代保は朝倉氏の貧しい浪人の娘でしたが〝百万石の跡継ぎの生母〟になったことで、

絶大な権力を手にすることになります。その権力を用いて能登国（石川県）の妙成寺《みょうじょうじ》や下総国《しもうさ》（千葉県）の中山法華経寺の五重塔など、自身が信仰する日蓮宗のお寺に寄進し続けたそうです。このように、殿様の生母になると、当時は絶大な権力を手に入れることができたのです。

淀殿もまた、豊臣家の跡取りを生んだことで権力を握ることができたのです。天下人の秀吉には、淀殿が生んだ秀頼以外に子どもはいないため、生まれてきた男子はすぐに跡継ぎとなります。

すると淀殿の格はもちろんですが、妹たちの格もそれに連れて上がり、その結果として高次は大津に6万石の領地を手に入れました。秀吉の側室となった自身の妹・松の丸殿と、妻の七光のおかげで出世したと噂され、〝蛍大名〟などと陰口を叩かれますが、夫婦仲はよかったようですね。

江はその後、離婚、再婚、離婚を繰り返し、「淀殿の妹であるから使えるでしょう?」ということで政略結婚の道具として、徳川秀忠の嫁として送り出されるのです。

そのとき秀忠は、どういう思いだったのでしょうか。江は自分より「年は随分上で、出産経験もある」、しかも「離婚歴が二回」という、とんでもない――あ、そんなことをいうと、またフェミニストに怒られますが、こういう女性を押しつけられて一生添い遂げます。しかも一生側室も持たなかったのですね。

「どうも秀忠ってドMだったんじゃないか」と思うこともありますが、こんなことを言うとまた怒られるんでしょうね。

秀忠と江の関係について、僕は一度仮説（なんて立派なものではありませんが）を立てたことがあります。ただこれは、間違った仮説を立ててしまったという悪い事例なんですが。

僕は秀忠が「マッチョが好きなのかな」と踏んでみました。その根拠となるのが、秀忠はどうも、立花宗茂や丹羽長重、それから伊達政宗だったり――まあ伊達政宗は半分ニセモノだと思いますが、「俺はこんなに頑張って戦った！」ということを話してくれそうな人が大好きなのです。そのため身の回りにはそういう武将を置いて、よくお伽衆《とぎしゅう》みたいな感じで話を聞いてたそうです。

それは、自身が関ヶ原の戦いに間に合わなかったことの、コンプレックスの裏返しで、「戦国でどう奮闘したか」というような話を聞くのが大好きだったんじゃないか。だからそこから、「マッチョが好きなのでは？」と仮説を立て、もしかすると、「女房の江も、マッチョかも?」だから秀忠は、年上バツ2の江でも「ぞっこん」なのかと思ったのですが――増上寺に埋葬されている江の遺骨を調べてみたら、残念ながら小柄だったことが判明しました。

この仮説はまあハズレでしたが、世継ぎを生んだ淀殿の存在価値は跳ね上がり、それがお江にも影響したのは間違いありません。そのため、一度は佐治家に嫁に行っていたお江が、なんと徳川家の嫁になるわけです。それはもうすべて、淀殿が跡取りを生んだ、〝おふくろ様〟であるからです。

まさに彼女こそが〝大坂城の女城主〟。

秀吉亡き後、淀殿は大坂城の実権を握る戦いで、正妻・おねと火花を散らして競い合い、見事勝利したわけです。淀殿はまさに、本当の意味での女城主なのです。だから、彼女こそが、「豊臣家の滅亡の責めを負わなくてはいけない」のでしょう。

淀殿の失敗は、関ヶ原の戦いで、秀頼を出馬させなかったことがあげられます。確かに秀頼はまだ7歳の子どもでしたが、西軍大将の毛利輝元に抱かせて関ヶ原に出馬させると、秀頼の登場に秀吉恩顧の武将はとても戦えなかったでしょう。

もしかすると、みな西軍に寝返ってしまう可能性もありました。

そうなると、関ヶ原の戦いは間違いなく西軍の勝利となったはずです。ただ、それでも家康を潰せたかというと、滅ぼすのは無理だったかもしれませんが。

しかし淀殿は、秀頼を出馬させませんでした。

そして周知のことながら、大坂の陣も秀頼は出馬せず、存在感を示すことはできませんでした。「秀頼が外に出たら危ない」と淀殿が止めたため、秀頼は歴史的になんにもしなかった人となってしまいました。

毒親・淀殿のけじめのつけ方

僕はよく昔、NHKの「日本史探訪」という番組を見ていたのですが、その番組で作家の永井路子さんと杉本苑子さんが、淀殿について話をしていました。そのなかで僕がよく覚えているのは、「もしも、淀殿と北政所（おね）があの世に行ったとき、秀吉は、どちらの手を握り、よくやってくれたって感謝するのか」というようなことを話していて、「それはやっぱり淀殿なんじゃないの」という結論だったのです。

そのときは僕も、「北政所は豊臣家のためになにもしてないが、淀殿は滅ぼしたといえども彼女なりに頑張った」と秀吉も思うのではないかと考えたのですが、でもよくよく考えると、淀殿はいくらなんでも、下手すぎます。

だから多分秀吉は、あの世に行った淀殿に、「お前バカだなぁ」と言って手を握らなかったんじゃないかなって思うようになりました。

淀殿は、今のバカかあちゃん〝毒親〟でしょう。子離れができていない、毒親。

確かに、淀殿の権力の源泉は、すべて秀頼です。そのおかげで大坂城の女城主になれたわけですから、秀頼を大切にしたいって気持ちはわからないではないけど、それにしても無能すぎます。

経験もなく無能なだけに、淀殿に「家康と互角に渡り合え」と言うのは無理でしょうが、それにしてももう少しやり方があったはずです。

大坂の陣で家康が出した和睦の条件は、「秀頼が大坂城を出る」、「淀殿を江戸に人質に出す」、そして「大坂城の浪人と手を切る」というものでした。もし、この3つを秀頼が実行したとき、家康はどうしたでしょう。

家康は織田家が2万石の大名で存続することは許容したので、2万石を拝領する織田家は4家存続していたのです。それは明治維新まで存続していきます。

豊臣家は、まだ60万石の大名でしたが、そこで秀頼が、「大坂城なんてとんでもありません」「もう陣屋で結構です」「名前だけ城主で結構です」「2万石で結構です」「全財産、蓄えた金銀は献上します」「母親は江戸に人質に出します」と泣きついたとき、家康は豊臣家を潰せたでしょうか。

淀殿さえ江戸城に人質に入っていれば、さすがにその時点で秀頼を殺すのを北政所も止めざるを得ないでしょう。そうなると家康は相当困ってしまいますね。だからまず淀殿は大坂城を出ないとダメだったんです。

淀殿が人質になって江戸に行くぐらいのことを覚悟さえすれば、たとえば「河越辺りに10万石でどうですか?」という交渉もできたかもしれません。秀頼が生きていれば、千姫は人質として豊臣の手の内にいるわけですから、家康は豊臣家を潰しにくかったのではないでしょうか。だから、淀殿はやはり無能なんです。

ただ狡猾《こうかつ》な家康ですから、なんだかんだと難癖つけ、時間をかけて豊臣家を潰しにかかるような気もします。家康は、石橋を叩いて、叩いて、叩いて渡る人ですから、「まだ豊臣は怖いな」と思えば、絶対に潰したでしょう。

しかし、大坂の陣の翌年の元和2(1616)年に、家康の寿命は尽きるので、「淀殿も1年間人質として我慢するだけだったのでは?」という意見もあります。でもじつは、秀忠もなかなかのタマなのです。大坂の陣の後、外様大名で取り潰されている家は多い。たとえば福島正則とか。それを行なったのは家康じゃなくて秀忠なんです。

有能な初代と3代の間に挟まれて、秀忠は無能な2代目として過小評価されていますが、秀忠は徳川に歯向いそうな奴は潰すということを徹底してできるタイプなんです。

だから、淀殿が大坂城を出て江戸で人質となり、秀頼が2万石の小大名として再出発をしていたとしても、淀殿が天寿をまっとうした後には秀忠は行動を起こしたでしょう。秀忠ならきっとやるはずです。そう考えると、秀頼は天寿をまっとうできたか怪しいですね。

あとがき

悪口はブーメランです。必ず自分のところに帰ってくる。だから、遅まきながらこの真実に気がついた僕は、常日ごろ、努めて他人の悪口を言わないようにしている。別に聖人君子を目指しているわけではありません。あくまでも自分の身を守るため。我が身かわいさゆえの、きわめて利己的な目的ゆえです。

世の中にはひどいやつがいて、とくにネットで悪口を書いてくる。個人的に会ったことなどほとんどないのに、僕の何が気に入らないのか、罵詈雑言を連ねてくる。当人は本名を隠しているから分からないだろうとたかをくくっているのかもしれないけれど、あんまりそういうことを繰り返していると、ああ、これはMだな、とバレるものです。あいつ、よそではさもさもいい人のように振る舞っているけれど、人間わからないなー。怖いなー。

昨今、大学では、授業評価がごく普通に行われている。東大は一部でしかやっていないけれど、私学ではほとんどのところが実施しているんじゃないかな。教員は計画にそって（シラバス通りに）講義をしていたかどうか、話し方はスピードとかわかりやすさの点で適切だったかどうか、この授業はためになったか。学生が授業を採点するわけですね。

　僕はいくつかの大学に出講していますが、その経験からいうと、実におもしろい傾向が見てとれる。というのは、入学するのが難しい大学の学生ほど、教員にやさしい。教員を罵倒するようなことを書いてくる（自由記述欄があるのですが、ホントにどこまで要求するんだよ、というものがあります）学生は、たいてい、入学するのが容易な大学の人なんです。学力の高い人は、まあここまで言うことはないかな、とちゃんと自制するんでしょうね。

　授業評価のいやなところは、「匿名」なんですね。僕はこれはおかしいと思う。少なくとも成人式を経過し、一人前と社会に認められた人（大学3年生以上ですね）であるならば、きちんと名乗って責任の所在を明らかにしてから、他人を批判するべきではないでしょうか。他人を批判するときは、反論する機会をきちんと確保する。それをしなければ、「ただの悪口」になってしまう（誤解のないように書き添えますと、評価内容を教員が知らされるのは、成績をつけた「あと」、です）。

　とか何とか言っていて、本書では徹底的に無責任に他人を批判しております。ただの悪口ではないつもりですが、こんなことを言われるほうはイヤですよね。もちろん、ここに取り上げた人たちは、当時のＶＩＰばかりだから、一介の研究者のたわごとなぞ、歯牙にもかけないと思います。でも何とも後ろめたいので、お詫びして、本書を終わります。織田信長さんをはじめ、戦国の英傑のみなさま方、本当に申し訳ございませんでした（土下座）。

本郷和人

本郷和人（ほんごうかずと）

昭和35（1960）年、東京都生まれ。東京大学史料編纂所教授。東京大学・同大学院で日本中世史を学び、東京大学史料編纂所に入所。『大日本史料』第五編の編纂にあたる。著書に『中世朝廷訴訟の研究』（東京大学出版会）、『戦国武将の明暗』『戦国夜話』（ともに新潮社）など多数。監修書に『戦国武将の解剖図鑑』（エクスナレッジ）、『戦国武将ナンバーワン決定戦』（宝島社）など。NHK大河ドラマ『平清盛』の時代考証など幅広く活動。また、AKB48の熱心なファンとしても知られている。

宝島社新書

真説　戦国武将の素顔
（しんせつ　せんごくぶしょうのすがお）

2017年5月24日　第1刷発行

著　者　本郷和人
発行人　蓮見清一
発行所　株式会社宝島社
〒102-8388 東京都千代田区一番町25番地
電話：営業　03(3234)4621
　　　編集　03(3239)0928
http://tkj.jp
印刷・製本：中央精版印刷株式会社

ISBN978-4-8002-6768-9